ſ6
1860

VILLE DE BAR-LE-DUC.

Arrêté Général

DE

POLICE MUNICIPALE

DU 16 FÉVRIER 1860.

BAR–LE–DUC,

TYPOGRAPHIE DE NUMA ROLIN,

IMPRIMEUR DE LA PRÉFECTURE.

1860.

VILLE DE BAR-LE-DUC.

ARRÊTÉ GÉNÉRAL
DE POLICE MUNICIPALE
Du 16 Février 1860.

Le Maire de la ville de Bar-le-Duc, Chevalier de la Légion d'honneur,

Vu les lois des 9 novembre 1789 ; 14-24 décembre 1789 ; 7 avril 1790 ; 16-24 août 1790 ; 30 mai, 27 juin , 14-26 octobre 1790 ; 19-23 juillet 1791 ; 19-22 mai ; 22-28 juillet ; 13 novembre 1791 ; 28 septembre , 6 octobre 1791 ; 12 frimaire an II ; 27 messidor an V ; 19 ventôse an VI ; 28 germinal an VI ; 28 pluviôse an VIII ; 12 messidor an VIII 21 germinal an XI ; 23 pluviôse an XII ; 4 thermidor an XIII ; 7 mars 1808 ; 18 juin 1811 ; 18 mai 1816 ; 18 décembre 1830 ; 16 février 1834 ; 18 juillet 1837 ; les art. 257, 358 , 360 et 471 du Code pénal ; 77, 81, 82 et 1384 du Code Napoléon ; l'ordonnance royale

1860

du 6 décembre 1843 ; les délibérations du Conseil municipal des 17 novembre 1848, 9 février 1849 et 4 novembre 1859 ; enfin l'arrêté municipal du 12 janvier 1857 ;

Considérant que le règlement de police en vigueur en cette ville, remonte, par sa date, au 16 septembre 1806 ; que plusieurs de ses dispositions sont en contradiction avec la législation actuelle ; qu'il faut en faire disparaître quelques articles et y ajouter des dispositions nouvelles réclamées par l'actualité ;

Considérant aussi que plusieurs arrêtés de police, postérieurs à ce règlement, sont épars dans les actes de la mairie et qu'il est utile de les réunir,

ARRÊTE :

Le Règlement de police de la ville de Bar-le-Duc, rectifié et complété, sera imprimé et publié dans la forme qui suit :

TITRE Ier.

Sûreté publique.

ARTICLE PREMIER. — Il est défendu de jeter, soit de jour, soit de nuit, dans les rues, ruelles, places, promenades et autres lieux publics, des pierres, des boules de neige ou de bois, de la boue, etc.; de tirer des coups de fusil, de pistolet, des pétards, fusées et autres pièces d'artifice dans les maisons, par les fenêtres, dans les rues, ruelles, places, promenades, cours, jardins et dans les chemins autour de la ville, et d'y allumer des feux ; enfin d'y pratiquer aucun jeu nécessitant l'emploi de projectiles de bois et autres pouvant atteindre et blesser les passants.

ART. 2. — Il est défendu de jeter dans les puits, citernes, ouvertures d'aqueducs, dans la rivière et le canal, dans les cours d'eau qui en dérivent, des décombres, pailles, pierres, poteries, faïences, bouteilles cassées, morceaux de glace, de verre, et tous autres objets tels que boues, immondices, animaux morts, etc.

ART. 3. — Il est défendu de déposer sur les fenêtres donnant sur la voie publique, des caisses et pots de fleurs, des vases contenant des liqueurs ou du vinaigre, et enfin tous objets quelconques, à moins qu'ils ne soient maintenus par deux barres de fer suffisamment fortes et fixées de manière à prévenir la chute des objets exposés qui, dans aucun cas, ne pourront faire saillie.

ART. 4. — Il est défendu de placer ou déposer même momentanément, sur la voie publique, aucun objet pouvant gêner, embarrasser, obstruer la circulation.

Toutefois le bois de chauffage scié et débité sur la voie publique, pourra en occuper au plus le tiers en largeur. Il en sera de même des voitures en chargement ou en déchargement, et de celles stationnant au devant des auberges, à la charge par les aubergistes d'éclairer convenablement toute la nuit, et de se conformer à l'arrêté préfectoral du 23 juin 1851.

ART. 5. — Afin que les malfaiteurs ne puissent se cacher et se soustraire aux recherches de la police, il est enjoint à tous les habitants de tenir fermées les portes de leurs allées, cours ou jardins donnant sur la voie publique, savoir : à 8 heures du soir du 1er octobre au 31 mars, et à 9 heures du soir du 1er avril au 30 septembre.

ART. 6. — Il est défendu d'établir sur la voie publique (rues, places, quais, promenades, etc.) aucune espèce de jeu, aucun atelier de travail, sans une permission du Maire.

ART. 7. — Il est défendu d'établir des auvents et des saillies en bois, en pierre ou en fer au devant des maisons pour servir d'enseigne.

Toutefois sont tolérés les stores mobiles, faisant saillie, élevés à deux mètres vingt centimètres au moins, à partir du sol de la rue, et de manière à ne gêner en rien la circulation, et n'ayant pas plus d'un mètre soixante centimètres d'avancée. Cette tolérance ne pourra jamais donner lieu à des dommages-intérêts contre ceux qui, involontairement, viendraient en passant à dégrader ces stores.

ART. 8. — Les contrevents, persiennes, volets et fermetures de boutiques, tant des rez-de-chaussées que des étages, seront constamment bien accrochés et arrêtés de manière à ne point compromettre la sûreté des passants et à ne point gêner la circulation.

ART. 9. — Il est défendu de laisser divaguer sur la voie

publique des animaux, tels que chevaux, bêtes à cornes, porcs, chiens de forte race, de basse-cour et de boucher, et généralement tous animaux dangereux ou malfaisants.

En tout temps les chiens de forte race , de basse-cour et de boucher et tous chiens hargneux et irrascibles , non conduits en laisse ou non solidement muselés, seront considérés comme animaux malfaisants et susceptibles d'être abattus , indépendamment de l'amende encourue par le propriétaire.

Il est défendu d'exciter les chiens pour les faire battre les uns contre les autres , les faire courir ou les mettre en fureur, de les laisser menacer les passants ou seulement aboyer derrière eux.

Lorsque la sûreté publique l'exigera , tous les chiens indistinctement devront être tenus enfermés , et ceux qui auraient été mordus par un animal soupçonné atteint de la rage , seront soigneusement tenus à l'attache pendant tout le temps déterminé par l'artiste vétérinaire et immédiatement abattus , si le chien qui les a mordus est reconnu hydrophobe.

Tous les chiens, en tout temps , devront être constamment porteurs d'un collier avec plaque en métal , indiquant très lisiblement les nom , prénoms et demeure du propriétaire. Tout chien non porteur dudit collier sera mis en fourrière pendant trois jours , à l'expiration desquels il sera abattu s'il n'est pas réclamé.

Toute chienne en rut sera tenue enfermée jusqu'à ce que les symptômes de cet état aient entièrement disparu.

Il est défendu d'atteler des chiens à des charrettes et de leur faire traîner des fardeaux.

ART. 10. — Il est défendu : 1º d'essayer les chevaux sur la voie publique, rues, ruelles, places, etc., ailleurs qu'aux endroits désignés par le Maire ; 2º d'en mener plus de trois de front à l'abreuvoir ; 3º de les attacher en queue ; 4º de les faire conduire par des enfants ; 5º de les faire marcher plus vite qu'au petit trot, qu'ils soient attelés ou non ; 6º de les faire passer sur les trottoirs. Il est défendu aux maréchaux-ferrants de ferrer des chevaux sur la voie publique. .

Les conducteurs de voitures de roulage ou d'exploitation doivent se tenir à pied, à gauche et à la tête du limonier, afin d'être à portée de se servir des guides ou du cordeau et de diriger et arrêter leurs chevaux.

Dans les rues étroites, aucune voiture ne pourra aller plus vite qu'au pas ; il en est de même des petites voitures conduites à bras d'hommes. Ces petites voitures ainsi que les brouettes, qu'elles soient à vide ou à charge, ne seront jamais poussées par derrière, le brancart en avant, ce brancart devant toujours rester entre les mains du conducteur ; elles ne pourront jamais passer sur les trottoirs.

Art. 11. — Les voitures particulières ou publiques circulant dans la ville pendant la nuit, devront être éclairées par des lanternes.

Art. 12. — Tout conducteur de chevaux et de voiture, avant de faire usage de son fouet dans les rues, devra s'assurer que personne n'en puisse être atteint. Il ne pourra faire claquer son fouet la nuit après le son du beffroi.

Art. 13. — Les conducteurs de voitures sont tenus de se détourner ou se ranger vers leur droite devant toute autre voiture, et à l'approche de celle-ci, de lui laisser libre au moins la moitié de la chaussée, rue, route ou chemin.

Art. 14. — Il est défendu à tout conducteur de voiture d'abandonner, même pour un instant, sa voiture attelée sans que le cheval soit maintenu par une autre personne ou solidement attaché.

Art. 15. — Il est enjoint à tous charpentiers, couvreurs et autres ouvriers travaillant aux toitures, de suspendre au devant des maisons, dont ils construisent ou réparent les couvertures, deux lattes en forme de croix, afin de donner l'éveil aux passants. Il est expressément défendu aux mêmes ouvriers de jeter dans la rue les tuileaux et autres débris de toiture. Outre l'amende qu'ils encourraient, ils seraient personnellement responsables des accidents qui pourraient résulter de toute infraction à la présente défense, quand même ce serait par négligence ou par maladresse.

Art. 16. — Il est enjoint à tous les propriétaires d'amener par des tuyaux, jusque sur le sol de la rue, toutes les eaux pluviales provenant des toitures de leurs maisons, et les eaux ménagères sortant de leurs éviers, et de pratiquer en outre des coulants en pierre mis en raccordement avec le niveau de la rue afin de faciliter l'écoulement de ces eaux jusqu'à la rigole.

Les eaux ménagères et les eaux des toits des maisons et bâtiments de la rue de la Banque et de la rue de la Rochelle seront conduites directement dans les caniveaux pavés qui longent ces rues, au moyen de tuyaux en fonte ou en pierre passant sous les trottoirs, et sans faire saillie sur le niveau de cette partie de la voie publique. Cependant les propriétaires pourront faire écouler dans les eaux des puisards creusés au devant de leurs habitations et construits suivant les conditions de sûreté indiquées par le Maire, et sous la direction de l'architecte de la ville.

L'établissement de puisards pour l'écoulement desdites eaux est obligatoire dans les rues ci-après : 1° la rue de Couchot, mais seulement depuis le n° 15 d'un côté, et le n° 36 de l'autre côté, jusqu'à la rue des Romains ; 2° toute la rue des Romains ; 3° la rue St-François ; 4° la rue du Four, depuis le pont du moulin de Couchot jusqu'à la rue Landry-Gillon ; 5° les rues Landry-Gillon et Etienne ; 6' toute la rue du Bourg, mais pour les eaux ménagères seulement.

Art. 17. — Il est défendu de commettre aucune dégradation aux pavés et au sol des rues, d'y pratiquer aucune excavation pour quelques motifs ce puisse être, sous peine d'amende et de réparation, aux frais des contrevenants et sous la direction de l'architecte de la ville, des dégradations constatées, et de demeurer responsables des accidents qui pourraient en résulter.

Art. 18. — Les pavés et les trottoirs détériorés par suite de construction ou reconstruction de bâtiments, seront réparés aux frais des propriétaires de ces bâtiments, et sous la direction de l'architecte voyer de la ville.

Toutes les fois qu'il sera fait aux maisons des reconstructions ou réparations qui entraîneront l'enlèvement de tout ou partie des numéros de ces maisons, les propriétaires ou locataires seront tenus, immédiatement après que lesdites reconstructions ou réparations seront achevées, de rétablir lesdits numéros dans la forme et sur les mêmes dimensions et proportions que ceux qui existaient auparavant. Il en sera de même pour les numéros effacés par quelque cause que ce soit.

En cas de construction de nouveaux bâtiments ou de division d'une maison en deux ou plusieurs autres consécutives, les propriétaires desdits nouveaux bâtiments ou portion de maison seront tenus d'y faire porter le numéro de la maison voisine ou de la maison primitive, en y ajoutant les mots *bis, ter*, etc., et toujours sur le même modèle.

En cas d'inexécution des prescriptions portées au présent article, le commissaire de police demeure autorisé à faire mettre les numéros aux frais des propriétaires, ce dont il dressera procès-verbal.

ART. 19. — Il est défendu de peindre ou faire peindre sur les murs aucune annonce ou avis de maison à vendre ou à louer. Ces annonces ne pourront désormais être mises que sur des planches ou cartons attachés de manière à ne point vaciller ni tomber.

ART. 20. — Il est enjoint aux aubergistes, maîtres d'hôtels garnis et logeurs, d'inscrire jour par jour, de suite et sans aucun blanc ni interligne, sur un registre tenu régulièrement et timbré, les noms, prénoms, qualités ou professions, lieu de naissance, domicile habituel, dates d'entrée et de sortie de tous ceux qui coucheront chez eux, même une seule nuit ; de représenter ce registre, toutes les fois qu'ils en seront requis, aux officiers municipaux, aux officiers de police, à la gendarmerie. Ce registre sera coté et paraphé par le maire ou le commissaire de police et contiendra, outre les indications précédentes, la date du passeport du voyageur, ou du dernier visa, la mention de l'autorité qui aura délivré ou visé ce passeport, et la destination du voyageur.

ART. 21. — Il est fait défense à tout particulier d'arracher enlever, maculer, salir ou couvrir les affiches apposées, soit par ordre de l'administration ou de l'autorité judiciaire, soit dans l'intérêt des particuliers. Ces affiches ne pourront être apposées qu'aux endroits ci-après désignés :

Hôtel-de-Ville,
Hôtel de la Préfecture,
Tribunal,
Eglise Notre-Dame,
Corps-de-garde (rue Entre-deux-Ponts),
Cercle Barisien (rue de la Rochelle),
Rue de la Gare (mur du jardin du sieur Cacheur),
Caserne de la Sucrerie,

Prison départementale,
Rue Saint-Jean (maison Raulet, serrurier),
Musée (rue du Musée),
Rue des Tanneurs (maison de M. Guillaume),
Hôtel de Reggio (rue Lapique),
Place de la Fontaine (maison Barbier-Herbillon),
Rue de Saint-Mihiel (maison de M. Roulard).

Aucune affiche ne peut être apposée, aucune annonce à son de caisse ou autrement ne peut être faite que sur l'autorisation du Maire. Toutefois sont exceptés les publications, affiches et placards qui sont faits et apposés par autorité de justice ou pour l'exécution des lois, des règlements et des actes de l'autorité publique.

Toute personne qui veut exercer la profession d'afficheur ou de crieur public, est tenue d'en faire la déclaration au Maire et d'indiquer son domicile.

Art. 22. — Il est défendu de graver avec couteaux ou autres instruments, de tracer à la craie, à l'encre ou de toute autre manière, aucun signe, marque ou inscription, soit sur les propriétés publiques, soit sur les propriétés privées et d'y commettre aucune dégradation.

Art. 23. — Il est défendu de fatiguer inutilement et sans besoin le mécanisme des fontaines et pompes publiques ; d'y laver du linge, des légumes, et d'y jeter quoi que ce soit pouvant altérer la pureté et la salubrité de l'eau.

Art. 24. — Il est expressément défendu de sonner les cloches pendant les temps d'orage.

Art. 25. — Tout propriétaire de chevaux ou bestiaux attaqués de la maladie connue sous le nom d'épizootie, est tenu d'en faire la déclaration au Maire.

Immédiatement après cette déclaration, le commissaire de police, assisté d'un artiste vétérinaire, se rend au domicile dudit propriétaire à l'effet de constater le genre de la maladie ; si elle est reconnue incurable, les animaux qui en seront atteints seront sur-le-champ mis à mort et enfouis, avec la peau tailladée en plusieurs endroits, dans une fosse profonde d'un mètre soixante-cinq centimètres, et distante de cent mètres au moins de toute habitation.

Pareil enfouissement aura lieu pour les animaux morts naturellement des suites de l'épizootie.

Lorsque la maladie sera jugée susceptible de guérison, les bêtes malades seront marquées avec un fer chaud, représentant la lettre M, et le propriétaire sera tenu de les nourrir dans des lieux enfermés, tant que durera la maladie, sans que pendant ce temps ils puissent s'en dessaisir par vente, échange ou autrement, à moins d'une permission du Maire.

ART. 26. — Il est défendu aux aubergistes, restaurateurs, cabaretiers, pâtissiers, bouchers et charcutiers de conserver chez eux des viandes, poissons et autres comestibles gâtés et corrompus; il leur est enjoint de tenir leurs ustensiles et vases de cuivre et autre métal dans l'état de la plus grande propreté.

ART. 27. — Il est fait défense aux laitières, aux marchands de crème, de vendre du lait et de la crème dans des mesures ou vases de cuivre; aux débitants de sel et de tabac, aux épiciers, aux bouchers et généralement à tous marchands en détail de comestibles, de se servir, pour peser, de plateaux de balances autres que ceux en fer-blanc, en fer battu, en corne ou en écaille. Ces balances seront tenues dans un constant état de propreté.

ART. 28. — Toutes les balances devront être bien mobiles et les plateaux de celles qui sont placées sur les comptoirs ne pourront avoir, au-dessus de ceux-ci, une élévation moindre de 55 millimètres. Les pesons ou romaines seront d'une sensibilité parfaite. Le tout suivant les prescriptions de la loi.

ART. 29. — Il est expressément défendu de mettre rouir du chanvre et du lin dans les ruisseaux et fontaines, dans la rivière et le canal de dérivation de l'Ornain.

ART. 30. — Les estagnons en cuivre étamé employés pour l'expédition des eaux de fleurs d'oranger devront présenter les conditions suivantes :

Ils seront entièrement neufs sans avoir servi à aucun usage ;

Les estagnons neufs devront être parfaitement étamés à l'étain fin et sans aucun alliage ; il seront marqués d'une estampille indiquant le nom et l'adresse du fabricant, ainsi que l'année et le mois de l'étamage et garantissant l'étamage à l'étain fin exclusivement.

Défense est faite à tout chaudronnier de fabriquer des estagnons en cuivre étamé en dehors de ces conditions , et à tout distillatenr ou détaillant d'en faire usage sous les peines de droit.

ART. 31. — Les chandelles et bougies ne pourront être vendues qu'au poids net. Les paquets de chandelles et de bougies devront porter sur l'enveloppe , en caractères d'un centimètre au moins de hauteur, une inscription indicative de leur poids net, enveloppe non comprise, précédée des mots : *poids net.*

Confiseurs , Pâtissiers , Liquoristes.

ART. 31 *bis.* — Les confiseurs, les pâtissiers et les liquoristes , se conformeront en tous points à l'arrêté réglementaire de M. le Préfet , en date du 4 juillet 1856 , pour ceux de leurs produits qu'ils voudront colorier.

Bâtiments.

ART. 32. — Toutes constructions et réparations de bâtiments, murs ou clôtures sur la voie publique , tout abaissement , exhaussement et nivellement du sol des rues , ne peuvent être entrepris et exécutés qu'en vertu d'autorisation écrite du Maire.

Toute la ligne de maisons qui forme la place Reggio , au couchant, conservera l'uniformité que les propriétaires se sont obligés de lui donner, en achetant les terrains sur lesquels ces maisons sont construites , ainsi que cela résulte de l'acte du 12 fructidor an IV.

Les maisons et bâtiments à construire à l'avenir au midi de cette place et dans toute la rue Rousseau ne pourront dépasser la hauteur de la maison actuelle du sieur Delacourt , maison formant angle avec la rue Voltaire , à droite.

Les maisons et bâtiments à construire au levant, ne pourront dépasser la hauteur de la ligne de maisons qui ferme la place au couchant.

ART. 33. — Il est défendu de tailler, scier et assembler sur la voie publique les pierres et les bois destinés à la construction ou à la réparation des bâtiments.

Tous ces matériaux devront être préparés par les ouvriers et entrepreneurs dans des chantiers particuliers , et ne pourront être amenés momentanément sur la voie publique que prêts à être posés. Les chèvres devront être placées et fonctionner dans l'intérieur des bâtiments en construction ou en réparation.

Les décombres, pierres, bois et matériaux de toute espèce provenant de démolition, devront être enlevés à mesure que cette démolition s'effectuera.

Il est particulièrement interdit de fondre la chaux sur la voie publique et d'y préparer le mortier.

Dans les rues ayant au moins six mètres de largeur, il est permis d'établir au devant de toute construction un landrage en planches, bien clos et avançant de deux mètres, à charge d'éclairer pendant la nuit.

Saillies.

ART. 34. — Les trappes de caves, soupiraux, perrons, marches, bancs et autres objets en saillie sur la voie publique, les excavations sous cette voie seront supprimés devant toutes les maisons dans les cas ci-après :

1° Lors de la reconstruction des façades ;

2° Lors de la restauration des rez-de-chaussées ;

3° Lorsque ces trappes de cave, soupiraux, perrons, marches, etc., seront en mauvais état et auront besoin d'être réparés.

Les peintures et badigeons sont exceptés de cette disposition, parce que ce ne sont pas des œuvres confortatives. Il en est de même des balcons qui continueront d'être tolérés. Leur saillie sera proportionnée à la largeur des rues, mais ne pourra excéder 80 centimètres.

ART. 35. — Le Maire pourra, s'il en reconnaît la nécessité, autoriser, savoir :

Pour les descentes de cave, une trappe extérieure de vingt-cinq centimètres d'avancée, mais à la condition expresse que cette trappe sera parfaitement raccordée avec le niveau du pavé, de manière à ne présenter aucun ressaut et qu'elle restera constamment fermée ou rabattue ;

Pour les entrées de maison, une marche extérieure dont le giron, boudin compris, ne pourra excéder vingt-cinq centimètres, à partir du nu du mur de face et non du socle ;

Les entrées, au devant desquelles il ne sera pas accordé de marches, pourront avoir un seuil avec boudin de dix centimètres de saillies ;

Pour l'ornementation des devantures, une saillie de cinq centimètres à partir du nu du mur de face ;

Pour les enseignes, tableaux et autres objets indiquant la profession, une saillie de trente centimètres à partir du nu du mur de face, et à la condition que ces enseignes seront placées à une hauteur de deux mètres trente centimètres au moins, à partir du sol, qu'elles seront solidement attachées avec des crampons en fer, haut et bas, scellés en plâtre dans le mur. Défenses sont faites d'accrocher ou suspendre ces enseignes ou tableaux de quelque manière que ce soit.

ART. 36. — A partir du 10 mai 1865, les marches, perrons, entrées de cave et autres saillies extérieures qui n'auraient pas été supprimées ou réduites, conformément aux art. 34 et 35 ci-dessus, devront immédiatement disparaître.

ART. 37. — Il est défendu d'établir des portes ouvrant extérieurement sur la voie publique.

Néanmoins, l'Administration pourra autoriser des exceptions pour les trappes de cave placées verticalement dans les murs de face, mais à la condition que les vantaux, lorsqu'il y aura nécessité de les ouvrir, seront plaqués et fixés contre lesdits murs.

ART. 38. — Les étalages et généralement tous objets mobiles, embarrassant la voie publique doivent disparaître partout et ne sont tolérés nulle part.

ART. 39. — Il ne peut être fait de rejointoiement ni œuvre confortative quelconque à aucune construction formant saillie.

Toute contravention à cette défense sera constatée par un procès-verbal et donnera lieu à la suppression desdites saillies.

ART. 40. — Tous les propriétaires que peuvent concerner les mesures prescrites ci-dessus sont tenus de les exécuter aussitôt qu'ils en auront reçu l'injonction soit directement de l'Administration municipale, soit par l'intermédiaire du commissaire de police. A défaut de ce, ils seront constitués en contravention et poursuivis devant le tribunal compétant.

Alignement de grande voirie.

ART. 41. — Il est interdit aux propriétaires riverains des routes ressortissant de la grande voirie, dans la traverse de la ville de Bar-le-Duc, d'élever leurs bâtiments en arrière des alignements fixés par l'administration des ponts et chaussées, sans s'être pourvus d'une autorisation préalable près de l'Administration municipale.

En dehors des limites de la grande voirie, ces mêmes propriétaires seront tenus de suivre les alignements arrêtés par la ville, ou de se clore sur ces alignements par des murs de un mètre cinquante centimètres de hauteur au moins, ou par des murs d'appui surmontés de grilles de fer.

Police des cours d'eau.

ART. 42. — Conformément aux dispositions de l'arrêté de M. le Préfet du 24 juin 1853, aucune construction nouvelle ou reconstruction ne pourra être faite au-dessus des cours d'eau ou les joignants qu'en vertu d'une autorisation donnée sur l'avis du syndicat par le Préfet, qui pourra déléguer le maire de la commune.

Cette autorisation sera également nécessaire pour planter des pieux dans les cours d'eau, établir des batardeaux ou barrages provisoires, poser des chaines, effectuer des dépôts quelconques provisoires ou définitifs, ou faire toute autre entreprise sur les cours d'eau ou les joignants.

Aucun moulin ou barrage, aucune usine ne pourront être établis, aucune réparation aux vannes de décharge et autres ouvrages régulateurs des usines ou des établissements portant barrage, ne pourra avoir lieu sans une autorisation donnée par M. le Préfet.

Les déversoirs et les vannes de décharge seront toujours entretenus libres et il est expressément défendu d'y placer aucune hausse.

A défaut de titre réglementaire qui fixe la hauteur légale de la retenue, les eaux ne pourront pas dépasser le dessus du déversoir ou de la vanne de décharge la moins élevée, s'il n'existe pas de déversoir.

Les usiniers seront responsables de la surélévation des eaux, tant que les vannes de décharge ne seront pas levées à toute leur hauteur.

Il est fait défense expresse aux propriétaires riverains de pratiquer dans les berges des coupures ou autres moyens de dérivation ou prise d'eau quelconques sans avoir obtenu l'autorisation du Préfet.

Les prises d'eau actuelles qui ne seraient pas régulièrement autorisées et dont la conservation serait nuisible, devront être fermées de manière à intercepter toute filtration.

Défense est faite de faire écouler sans autorisation dans le lit du cours d'eau, des eaux infectes ou des matières nuisibles.

Neiges et Glaces.

ART. 43. — Les neiges seront amoncelées et les glaces cassées dans les rues lorsque l'Administration municipale jugera convenable de le prescrire par un simple avis.

Il est défendu de déposer sur la voie publique des neiges et glaces apportées de l'intérieur des cours, jardins et autres parties des habitations.

Tapis, Torchons, Paillassons.

ART. 44. — Il est défendu de battre et secouer les tapis, torchons et paillassons dans les rues ou par les fenêtres et les portes s'ouvrant sur la voie publique ; de faire sécher du linge sur les quais et les promenades publiques.

Bureaux de placement.

ART. 45. — Toute personne qui sollicitera l'autorisation de tenir un bureau de placement devra justifier : 1° qu'elle est de bonnes vie et mœurs ; 2° qu'elle possède une instruction suffisante.

Les registres servant à l'inscription de la correspondance des demandes de placement, des placements effectués et des émoluments perçus, seront cotés et paraphés par le Maire et communiqués au commissaire de police à toute réquisition.

Les demandes de placement contiendront les nom, prénoms, profession, âge, lieu de naissance et du dernier domicile du postulant; les inscriptions des placements contiendront, outre ces renseignements, les noms, qualités et domicile des personnes chez lesquelles les placements seront effectués.

Les droits à percevoir par les gérants des bureaux de placement sont fixés comme suit :

1° Pour enregistrement d'une demande............ 1 fr.

2° Pour placement définitif, y compris les démarches et la correspondance y relative.................... 3 fr.

Ventes publiques.

ART. 46. — Nul ne pourra, par insertions dans les journaux, avis distribués, affiches, enseignes, au son du tambour, par annonces ou manifestations publiques quelconques, convoquer les habitants à des ventes en détail de marchandises neuves à des heures fixes, à de certains jours et dans des lieux déterminés, sans en avoir reçu préalablement l'autorisation du Maire, qui jugera s'il doit permettre de tels rassemblements.

Toute vente annoncée, avec l'autorisation du Maire, par l'un des moyens dont il est fait ci-dessus mention, sera considérée comme publique, quel que soit le lieu de rassemblement; et s'il y est procédé aux enchères ou au rabais, elle ne pourra avoir lieu sans l'assistance du commissaire priseur.

S'il y est procédé à prix fixe et à la criée, la criée ne pourra commencer, pour chaque article, qu'après que cet article aura été mesuré exactement et en présence du public, et mis à la libre disposition de tous ceux qui voudront l'examiner, pour en bien connaître la nature et la qualité.

La criée ne pourra avoir lieu en montant sur des bancs ou sur des tables.

Le lieu où se fera la vente devra toujours être parfaitement éclairé.

Tout discours tenu publiquement et qui consisterait à discréditer le commerce sédentaire, à établir des comparaisons défavorables aux prix courants dans les magasins ordinaires, à exagérer outre mesure la qualité des marchandises mises en vente, en supposant chez le vendeur le pouvoir imaginaire de supporter des réductions impossibles à tous autres commerçants, toute manœuvre en paroles ou en adresse de main, tendant à dissimuler les vices des marchandises offertes, tous actes en un mot, propres à faire naître chez les acheteurs l'espérance d'un bénéfice chimérique, sont sévèrement interdits : ils seront à la diligence de l'autorité municipale dénoncés au procureur impérial, comme pouvant constituer, aux termes du code pénal, des tentatives d'escroquerie, pour s'approprier tout ou partie de la fortune d'autrui.

En cas de contravention aux dispositions ci-dessus, la vente sera immédiatement interdite, les affiches et enseignes seront arrachées, les rassemblements dispersés, et les contrevenants, ainsi que tous ceux qui seraient considérés comme leurs complices, seront poursuivis conformément aux lois.

Femmes publiques. — Maisons de tolérances.

TITRE Ier.

De l'inscription des filles publiques.

Art. 47. — Toute femme qui voudra se livrer à la prostitution dans la ville de Bar-le-Duc sera tenue de se faire inscrire sur un registre qui sera ouvert à cet effet au bureau de police.

Celle qui sera *notoirement* connue pour s'y livrer sera inscrite d'office.

Les femmes publiques seront classées comme filles isolées ou filles de maison, selon qu'elles logeront dans une chambre louée par elle, sans meubles ou garnie de meubles, ou qu'elles seront placées dans une maison de tolérance dûment autorisée.

Le registre mentionnera le signalement de chaque femme inscrite, la date, le lieu de sa naissance, sa profession ; son domicile antérieur et son domicile actuel. Il relatera les papiers sur lesquels ont été relevées les indications ci-dessus énoncées.

Ces papiers consisteront en un acte de naissance, un certificat de résidence du maire du dernier domicile, faisant connaître si la conduite de la femme a nécessité une surveillance spéciale.

Si la femme à inscrire sort d'un département autre que celui de la Meuse, elle devra présenter un passeport ou un livret; si elle est étrangère un passeport émané des autorités de son pays.

Dans tous les cas, la déclaration de domicile que fera chaque fille publique, au moment de son inscription, devra toujours être appuyée du consentement écrit du maître de maison qui devra la recevoir.

Les papiers et certificats produits par chaque fille publique, en conformité de l'article ci-dessus, seront retenus au bureau de police pour lui être remis lorsqu'elle quittera la ville.

Toute femme qui demanderait à se faire inscrire comme fille publique ou qui se trouverait dans le cas d'être inscrite d'office et qui, dans un délai de huit jours, ne pourrait produire les pièces ci-dessus indiquées, sera mise à la disposition de l'autorité judiciaire.

Toutes les fois qu'une fille déjà inscrite changera de logement ou de maison, ou qu'elle passera de la classe isolée dans celle des filles de maison et réciproquement, elle devra, dans les vingt-quatre heures, en faire la déclaration au bureau de police.

Les maîtres de maison sont responsables de l'accomplissement de ces formalités en ce qui concerne les filles qu'ils ont reçues ou doivent recevoir chez eux.

Aucune femme ne peut être inscrite en qualité de fille de maison, si elle n'a justifié qu'elle a vingt-un ans accomplis.

TITRE II.

Des mesures sanitaires auxquelles sont soumises les filles publiques.

ART. 48. — Toute femme inscrite comme il a été dit ci-dessus, sera assujétie à des visites régulières par les soins d'un médecin désigné par le Maire. En outre des visites périodiques, il en sera fait une au moment de l'inscription, à chaque renouvellement de carte, et toutes les fois que l'autorité le jugera nécessaire.

Les visites périodiques auront lieu les 10, 20 et 30 de chaque

mois dans le lieu et à l'heure qui seront indiqués sur la carte que chaque fille recevra au moment de son inscription.

Cette carte portera en tête le nom et le signalement de la femme à laquelle elle sera remise, son numéro d'inscription en qualité de fille isolée ou de fille de maison, et son domicile ; de plus, des cases y seront réservées pour l'inscription, avec sa date, du résultat de chaque visite.

Lorsqu'une femme aura été reconnue malade elle sera immédiatement envoyée à l'hospice, pour y être traitée aux frais de qui de droit, si c'est une fille isolée, et à ceux du maître si c'est une fille de maison; elle n'en sortira que lorsque la guérison aura été constatée par un certificat du médecin de l'hôpital. Ce certificat devra être immédiatement apporté au bureau de police pour être annexé au dossier de la femme qu'il concerne, et mentionné au registre d'inscription.

TITRE III.

Des mesures de police auxquelles sont assujéties les filles publiques, tant à l'intérieur qu'à l'extérieur de leurs habitations, et de la responsabilité imposée aux maîtres de maison et logeurs.

ART. 49. — Il est défendu aux filles publiques :

1° De fréquenter les cabarets, cafés ou auberges, et aux chefs de ces établissements de les recevoir ;

2° De stationner devant les casernes ou corps de garde ;

3° De se promener et de stationner sur les places, promenades publiques, y compris les rues de la Rochelle, Entredeux-Ponts et de la Banque ;

4° De sortir et de parcourir les rues après six heures du soir depuis le 1er octobre jusqu'au 1er avril, et après huit heures depuis le 1er avril jusqu'au 1er octobre ;

5° De circuler dans les rues durant le jour, de manière à s'y faire remarquer, d'y stationner, de s'adresser aux passants, de les attirer ou appeler par des signes ou de toute autre manière ;

6° De stationner sur leurs portes ou devant les maisons qu'elles habitent, à quelque heure que ce soit du jour ou de la nuit, de provoquer les passants par gestes et par paroles ;

7° Mêmes défenses sont faites à tous individus attachés à quelque titre que ce soit aux maisons de tolérance.

Il est défendu aux filles publiques :

1° De se montrer à leurs fenêtres, qui doivent constamment être closes et munies de volets ou de doubles rideaux ;

2° De paraître en public avec une mise indécente, d'y proférer aucun propos ordurier ;

3° De faire aucun bruit, tapage, dans l'intérieur de leurs habitations.

Nul ne pourra ouvrir une maison de tolérance sans en avoir reçu préalablement l'autorisation.

Cette autorisation sera délivrée sur une demande écrite du postulant contenant l'adresse de la maison, une description sommaire des appartements qu'il destine à son établissement et le nombre des femmes qu'il compte y recevoir. La demande sera appuyée du consentement écrit du propriétaire de la maison.

L'autorisation règlera le nombre de femmes qui pourront être reçues dans chaque maison, et sous aucun prétexte ce nombre ne pourra être dépassé.

Les chefs de maisons sont tenus d'inscrire sur un registre spécial les femmes qu'ils recevront chez eux, sous peine de voir leur établissement immédiatement fermé.

Ce registre indiquera les nom et prénoms, le numéro d'inscription, l'âge, la date de l'entrée et de la sortie de chaque fille. Il devra être tenu constamment à jour et présenté à toutes réquisitions des agents chargés de la surveillance des lieux publics.

Les escaliers et corridors des maisons de tolérance seront constamment éclairés depuis la chute du jour jusqu'à onze heures du soir.

Il est défendu aux chefs de maisons de recevoir aucune personne *après onze heures du soir, ni aucun militaire après la retraite.*

Les chefs de maisons ne pourront admettre dans leur établissement que des femmes inscrites comme filles de maison et munies de leurs cartes sanitaires ; ils devront veiller à ce que la police soit exactement informée de l'entrée et de la sortie de chaque fille, et cela dans les 24 heures, ainsi que des maladies dont elles pourraient se trouver atteintes dans l'intervalle des visites.

Ils seront responsables du non accomplissement, pour les filles qu'ils logeront chez eux, de tout ou partie des formalités ci-dessus rappelées.

Il est défendu à toute personne tenant une maison de débauche, à tout logeur d'attirer ou de recevoir chez lui pour s'y livrer à la prostitution des mineurs de l'un ou l'autre sexe.

Défense est faite aux maîtres et maîtresses de maison ainsi qu'aux logeurs en garni ou non de donner à boire dans leurs établissements ou même dans la maison qu'ils habitent.

Aubergistes, Cafetiers, Cabaretiers.

ART. 51. — Il est expressément défendu aux aubergistes, maîtres d'hôtel, restaurateurs, cafetiers, cabaretiers, débitants d'eau-de-vie et de liqueurs, de donner à boire ou à jouer aux jeunes gens au-dessous de l'âge de seize ans révolus, sans le consentement de leurs parents, et à des personnes en état d'ivresse.

ART. 52. — Les cafés, cabarets et autres lieux publics ne peuvent s'ouvrir avant le jour et doivent être fermés tous les jours et en toute saison à onze heures du soir. Le jour de la fête de l'Empereur, le jour et le lendemain de la fête patronale, ils pourront rester ouverts jusqu'à minuit.

Les dispositions du présent article ne seront point applicables aux aubergistes et restaurateurs, quant au boire et au manger à fournir aux voyageurs qui logeraient chez eux. Ils devront tenir la main à ce que lesdits voyageurs ne fassent aucun bruit capable d'interrompre le repos des voisins.

Dans l'intérêt des bonnes mœurs et de la salubrité, les cafetiers et les cabaretiers doivent tous posséder, dans l'intérieur de leurs établissements, un urinoir d'un accès facile et proprement tenu, à l'usage des personnes fréquentant ces établissements. Il est formellement défendu à celles-ci d'en sortir pour aller uriner dehors. Cette infraction, qui dégénère souvent en scandale public, donnera lieu à des procès-verbaux qui seront dressés contre les contrevenants et contre les cafetiers et les cabaretiers personnellement responsables, sans préjudice des demandes en dommages-intérêts que pourraient former, contre les cafetiers et les cabaretiers, les propriétaires ou habitants des maisons voisines contre lesquelles les buveurs ont l'habitude d'aller uriner.

Il est défendu, sous peine d'amende, à toute personne en état d'ivresse, de paraître sur la voie publique urbaine.

Enfin, il est défendu à toute personne d'y uriner d'une manière indécente.

Salubrité.

Art. 53. — L'équarrisseur de chevaux ou d'autres animaux morts ne pourra les blanchir dans aucun autre lieu que celui affecté spécialement à cet usage. Il lui est enjoint d'enfouir les cadavres de ces animaux dans des fosses de la profondeur d'un mètre cinquante centimètres.

Il est expressément défendu de jeter lesdits cadavres dans la rivière, le canal, les puits, fontaines, fossés et égouts

En cas de contravention aux dispositions du présent article, tous cadavres d'animaux trouvés non enfouis, le seront à la diligence du Commissaire de police, aux frais des contrevenants, indépendamment de l'amende encourue.

Art. 54. — Il est défendu de faire aucun amas de fumier dans les rues, ruelles, places, quais et promenades, et généralement dans tous autres endroits de la ville et de ses faubourgs, où lesdits fumiers seraient exposés à la vue du public ou capables de l'incommoder par l'odeur.

Art. 55. — Toute personne nourrissant du gros et du menu bétail, des porcs, des lapins, des pigeons, des poules, des dindons, des oies ou des canards, est tenue de les placer de manière à n'incommoder ni gêner le public et les voisins.

Il est défendu de laisser, en aucun temps, sortir les volailles sur la voie publique.

Art. 56. — Il est défendu à tous particuliers de répandre, de faire ou laisser faire par leurs enfants et domestiques, aucune espèce d'ordures sur la voie publique, comme aussi d'y jeter, soit de jour, soit de nuit, des matières fécales, de l'urine et même de l'eau par les fenêtres ou par la porte.

Fosses d'aisances. — Vidangeurs.

ART. 57. — A l'avenir, les fosses d'aisances actuellement exis-
tantes seront, à mesure que leur vidange deviendra nécessaire,
cimentées avec le plus grand soin et de manière à empêcher
toute infiltration. En conséquence, aucune vidange n'aura lieu
sans que déclaration n'en ait été préalablement faite à l'Administration municipale qui, après l'opération, s'assurera par
ses agents si la fosse est convenablement cimentée.

Dans les six mois qui suivront la publication du présent
Règlement, toute maison devra être pourvue de lieux d'aisances.

Les fosses creusées dans les cours et jardins seront pourvues
de siéges et entourées de constructions solides et bien fermées
qui en masquent complétement la vue.

Dorénavant, les nouvelles fosses d'aisances qui seront établies
ne pourront avoir moins de deux mètres de hauteur sous clef,
quelle qu'en soit la capacité ; les contre-murs du pourtour,
la voûte et le fond, seront construits en bonne maçonnerie ;
le fond sera établi en forme de cuvette et toutes les parties en
seront cimentées très solidement. L'usage n'en sera permis par
l'Administration municipale que sur le vu d'un certificat délivré par l'un de ses agents et constatant l'accomplissement de
toutes les prescriptions ci-dessus. Autant que possible, chaque
fosse d'aisances sera pourvue d'un tuyau d'évent.

ART. 58. — Quiconque voudra exercer la profession d'entrepreneur de vidanges devra justifier qu'il possède en propre,
un matériel suffisant et approprié à l'usage de ce service. Ce
matériel devra être tel qu'on puisse enlever au moins trois
mètres cubes par chaque vidange.

Le transport des vidanges ne pourra s'effectuer que dans des
tonnes fermant hermétiquement, au moyen d'une bonde solidement fixée par une forte bande en fer. Les voitures employées
à ce transport devront être construites solidement et mainte-
nues en bon état de service. Elles seront munies d'une plaque
indiquant les noms, prénoms et demeure des vidangeurs, et
d'une lanterne allumée qui sera établie sur le devant de la
voiture.

Les vidangeurs devront toujours déposer sur les lieux où se
fait la vidange, un flacon de chlorure de chaux concentré, et

veiller à ce que les ouvriers ne descendent point dans la fosse sans être ceints d'un bridage.

En tout temps, la vidange des fosses ne pourra commencer avant onze heures du soir et sera terminée à trois heures du matin au plus tard, du 1er mars au 30 septembre, et à cinq heures au plus tard, du 1er octobre au dernier jour de février.

Aucune fosse ne peut être vidée sans une déclaration écrite, qui devra être déposée au bureau de police vingt-quatre heures avant l'ouverture de la fosse. L'extraction ne peut commencer que vingt-quatre heures après l'ouverture de la fosse et la constatation du dégagement des gaz délétères.

Le propriétaire et les vidangeurs sont tenus, chacun en ce qui le concerne, de prendre toutes les précautions nécessaires pour prévenir l'explosion des gaz.

Ils demeurent personnellement responsables des accidents que toute négligence pourrait occasionner.

Entre autres mesures de précaution, les vidangeurs feront répandre du chlorure de chaux dans l'intérieur et autour de la fosse, aussitôt après son ouverture.

Ils préviendront sur-le-champ le commissaire de police de de toute difficulté ou de tout danger qui se manifesterait.

Il est rigoureusement défendu de faire usage pour la vidange de chandelles allumées ou de tout autre moyen d'éclairage qui pourrait occasionner l'inflammation des gaz. On ne pourra faire usage que de lanternes hermétiquement closes.

Une lanterne allumée sera placée en saillie devant la maison où s'opère une vidange, et on l'y laissera jusqu'à complet achèvement du travail, quand les matières devront traverser la voie publique.

Le propriétaire devra prendre des mesures pour que l'orifice de la fosse suffise à la libre extraction des matières.

Les vidangeurs doivent faire immédiatement au propriétaire la remise de tous les objets de quelque valeur qu'ils auront trouvés dans les fosses.

Ils sont aussi tenus de déposer au bureau de police les objets qui sembleraient accuser l'existence d'un crime ou d'un délit.

Avant d'être portées sur les voitures, les tonnes seront remplies et nettoyées avec soin.

L'opération terminée, les vidangeurs sont tenus de laver, nettoyer et remettre les lieux en état de propreté.

Toutes les fois que l'intérêt de la salubrité l'exigera, ou bien qu'un locataire ou des voisins adresseront une plainte, l'autorité municipale pourra, après avoir fait examiner les lieux si elle le juge nécessaire, ordonner d'office la vidange des latrines aux frais du propriétaire négligent ou de mauvaise volonté.

Les vidanges seront conduites directement et immédiatement sur les points désignés par le Maire ou choisis par le propriétaire, mais à la condition que ces depôts ou réservoirs seront à une distance d'au moins deux cents mètres de toute habitation, route ou voie vicinale, s'il s'agit d'un entrepôt général, ou de quarante mètres si le dépôt n'est que temporaire ou particulier.

Les dépôts ou réservoirs seront entourés de manière à prévenir les accidents et à empêcher la mauvaise odeur de se répandre.

Il est défendu de déposer le produit de la vidange des latrines dans les cours ou jardins, à moins que l'enfouissement n'ait lieu dans un emplacement distancé de 40 mètres de toute habitation.

Si par suite de versement au d'autres causes, les matières se sont répandues sur la voie publique, les vidangeurs doivent faire disparaître immédiatement par un lavage, les traces de l'accident.

Ils sont également tenus de réparer, à leurs frais, les dégradations ou saletés qu'ils auraient occasionnées à des tiers.

Il est fait défense expresse à tout ouvrier vidangeur ou charretier : 1º de se présenter sur le lieu de travail en état d'ivresse ;

2" D'entrer dans d'autres parties des maisons que celles où devra s'exécuter la vidange ;

3º De s'introduire pendant le temps du travail, dans les maisons voisines, cabarets ou autres lieux publics ;

4" Il leur est défendu de répandre des matières fécales dans les ruisseaux, canaux, rivières, ou sur la voie publique ;

6º D'interrompre sous aucun prétexte la vidange de la fosse ;

7º De chanter, crier, ou faire du tapage pendant leur travail ;

Tout propriétaire dont la fosse aura été vidée et nettoyée devra en prévenir l'autorité municipale pour qu'elle puisse s'assurer que cette fosse est construite selon les conditions voulues par les règlements.

Toutes les dispositions ci-dessus sont également applicables au curage des puits, puisards et cloaques.

ART. 59. — Il est défendu aux teinturiers et brasseurs de répandre ni déposer sur la voie publique le résidu ou marc de leurs cuves, d'y faire couler les eaux de leurs teintureries et brasseries.

Balayage des rues.

ART. 60. — Tous les propriétaires ou principaux locataires sont tenus de balayer ou de faire balayer, tous les jours, au devant de leurs maisons, cours, remises, bâtiments, jardins et dépendances quelconques donnant sur la voie publique, de manière que ce balayage, poussé par chaque riverain jusqu'au milieu de ladite voie, puisse la nettoyer dans toute sa largeur et dans toutes ses parties, sauf les exceptions et extensions portées au paragraphe suivant.

Dans les rues de la Banque, de la Rochelle, de St-Mihiel, et Entre-deux-Ponts, depuis la maison de M. Vivant-Villeroy, n° 44, jusqu'à celle des sieurs Giraux et Marquant, n° 2, les riverains ne sont tenus de balayer que dans la largeur des trottoirs, chacun devant chez soi.

Il en est de même des riverains des trottoirs qui bordent la place Reggio, le balayage de cette place étant à la charge des adjudicataires de l'enlèvement des boues.

Les quais seront balayés dans toute leur largeur par les riverains, chacun devant soi.

Le balayage est obligatoire pour les propriétaires et principaux locataires, même en leur absence, auquel cas, ils sont tenus de préposer quelqu'un pour le faire. Le balayage au devant des édifices publics et de leurs dépendances, est obligatoire pour ceux qui les occupent.

Le balayage sera entièrement terminé chaque jour, au plus tard, à huit heures et demie du matin, depuis le 1er octobre jusqu'au 31 mars, et à sept heures et demie depuis le 1er avril jusqu'au 30 septembre. L'enlèvement des produits du balayage commencera immédiatement après et sera terminé au bout de trois heures.

A partir du moment où le balayage doit être terminé, tout dépôt sur la voie publique de balayures, de débris de légumes et autres objets, sans aucune exception, est interdit. Ces matières seront conservées dans l'intérieur des habitations jusqu'au lendemain matin, à l'heure où commencera le balayage. Les cendres et scories ou crasses de houille et de coke, ne seront déposées sur la voie publique que le samedi soir de chaque semaine, afin d'être enlevées le dimanche matin.

Indépendamment du balayage ordinaire, les habitants pour le service desquels il aura été déchargé des voitures de bois, denrées ou tous autres objets, seront tenus de faire immédiatement après le déchargement, nettoyer le devant de leurs maisons et même le devant des maisons voisines qui aurait pu être sali.

Les boues, immondices et autres objets à enlever par les adjudicataires des transports, seront relevés et amassés en un ou plusieurs tas contre les murs des maisons, à moins qu'il n'y ait convenance préférable à les placer en avant, ce qui devra être reconnu et autorisé par le Commissaire de police.

Dans les rues de la Banque et de la Rochelle, les tas seront amassés au pied des arbres; sur aucun point de la voie publique, ils ne devront être relevés trop près des ruisseaux, de manière à gêner le cours des eaux; ils devront surtout être éloignés des fontaines publiques et des grilles des égouts.

A défaut, par les propriétaires ou principaux locataires, de faire les balayages et les nettoiements prescrits par les dispositions précédentes, il y sera pourvu à leurs frais, à la diligence du Commissaire de police, indépendamment des peines qui pourront être prononcées contre eux, pour contravention au présent règlement.

Les boues et autres matières qui doivent être balayées appartiennent en totalité aux adjudicataires des transports, et nul autre n'a le droit de se les approprier.

Il est défendu de jeter dans les égouts, des urines, des boues et autres immondices quelconques pouvant obstruer ou infecter lesdits égouts.

Tout propriétaire ou principal locataire est tenu d'arracher ou de faire arracher avec soin l'herbe qui pourrait croître sur la voie publique, au devant de ses maisons, cours, remises, jardins et dépendances. L'herbe arrachée sera mise en tas et enlevée comme la boue.

Les adjudicataires des transports seront tenus de bien nettoyer toutes les parties de la voie publique où le balayage doit être fait par les habitants, et celles dont le balayage a été laissé à leur charge personnelle par leur adjudication, et d'en enlever, conformément à cet acte, les boues, pierres, fumiers, cendriers, immondices, glaces, neiges, débris de faïence, de verre, etc., à l'exception des décombres provenant, soit de construction ou démolition de bâtiments et de pavés, soit d'excavations ; et leurs tombereaux devront être construits de telle sorte que la boue ne puisse s'en échapper. Ils devront rendre nettes les places où auront été formés les tas, et à cet effet ils seront toujours munis de balais lorsqu'ils feront les enlèvements. A leurs tombereaux seront suspendues des sonnettes assez fortes pour être entendues des habitants de l'intérieur de leurs maisons.

Dans le cas où les entrepreneurs n'auraient pas totalement effectué leurs enlèvements ainsi que les balayages et nettoiements auxquels ils sont astreints, aux heures et de la manière prescrite par leur acte d'adjudication, les Commissaires de police, sans aucune sommation ni formalité judiciaire, emploieront des ouvriers et des voituriers au compte desdits entrepreneurs, lesquels paieront ces ouvriers et voituriers sur la taxe qui en sera réglée par le Maire, indépendamment des peines encourues par lesdits entrepreneurs, pour ce fait de négligence constituant une contravention au présent arrêté.

Il est défendu à tous particuliers d'enlever dans les rues et sur les places publiques de la ville de Bar-le-Duc, tout ou partie des tas de boues et immondices qui sont amassés journellement au moyen du balayage auquel sont astreints tous les jours les propriétaires et principaux locataires.

Les boues et immondices amassés au moyen du balayage ne pourront être enlevés que par les agents et voituriers préposés spécialement à cet effet par l'autorité municipale.

Tout voiturier, conducteur de terres, décombres, fumiers, pierrailles, mortiers et toutes autres matières pouvant salir ou encombrer les rues, sera tenu de se munir de tombereaux bien fermés et chargés de manière à ce que rien ne s'en échappe.

ART. 61. — Le bois de chauffage ne pourra être fendu sur la voie publique que placé sur un bloc d'au moins dix centimètres d'épaisseur sur quarante centimètres de largeur, de manière que le pavé et le macadam soient garantis de toute détérioration. L'emmétrage dudit bois se fera au moyen de cadres posés sur la voie publique, sans qu'il puisse être fait usage de piquets enfoncés dans les rigoles.

ART. 62. — Il est défendu de se baigner 1° dans le canal dérivé de l'Ornain depuis l'empellement placé à la naissance de la promenade des Saules, jusqu'à l'endroit où ce canal se jette dans la rivière ; 2° dans la rivière, ailleurs qu'aux endroits affectés aux baignoirs publics et désignés par l'administration municipale.

Sauf les heures réservées à la troupe, le public pourra à toute heure de la journée faire usage de ces baignoirs, en se conformant à ce qui est prescrit.

Jusqu'à ce qu'il en soit autrement ordonné, les heures consacrées à la troupe sont : de six à huit heures du matin.

Pendant les heures réservées à la troupe, il est expressément défendu à qui que ce soit, et sous aucun prétexte, de s'introduire dans les baignoirs.

Nul ne sera admis au baignoir s'il n'est porteur d'un caleçon dont il devra faire usage pour le bain.

Il est expressément recommandé aux baigneurs : 1° de ne pas salir les endroits destinés à recevoir les effets ; 2° de ne commettre aucun dégât, soit aux loges établies, soit aux propriétés environnantes ; 3 d'observer la plus grande décence en entrant dans le bain et en en sortant, faute de quoi l'entrée serait interdite pour le restant de la saison à ceux qui se rendraient coupables de ces faits, le tout sans préjudice des peines prévues par la loi.

Un gardien assermenté est chargé de surveiller le baignoir et d'assurer l'exécution des dispositions ci-dessus.

Boulangerie.

ART. 63. — Nul ne pourra exercer, à Bar-le-Duc, la profession de boulanger sans une autorisation spéciale du Maire, qui sera consignée sur le registre des déclarations ; elle comportera l'obligation, de la part du boulanger, de se conformer entièrement aux dispositions du présent règlement.

L'autorisation d'exercer cette profession pourra être refusée à ceux qui ne justifieraient pas être de bonnes vie et mœurs, connaître les bons procédés de l'art et avoir les facultés suffisantes

Dans le cas de refus d'une permission, le boulanger aura recours de la décision du Maire à l'autorité supérieure.

Le nombre des boulangers ne pourra être limité en aucun cas et pour quelque motif que ce soit.

Les boulangers forains et les propriétaires de tout dépôt ou magasin de pain seront assimilés en toutes choses aux boulangers de la ville.

Chaque boulanger est tenu d'avoir constamment en réserve dans son magasin ou dans un magasin de la ville, un approvisionnement de farine de froment de bonne qualité, ou de blé représentant la quantité de farine.

Cet approvisionnement est fixé comme suit :

Pour la 1re classe, à 27,000 kilogrammes ;
Pour la 2e id.   à 18,000   id.
Pour la 3e id.   à 11,000   id.

L'approvisionnement serait augmenté proportionnellement si le nombre des boulangers venait à diminuer.

Le Commissaire de police s'assurera que les boulangers ont constamment leurs approvisionnements de réserve ; et, à cet effet, il remettra tous les mois au Maire un état certifié qui sera adressé à M. le Préfet.

Les boulangers devront fabriquer trois espèces de pain qui seront soumises à la taxe.

La 1re qualité, ou pain blanc ;
La 2e   id.   ou pain de ménage ;
La 3e   id.   ou pain bis.

Le pain blanc sera fabriqué avec de la farine première, et ne pourra être confectionné en miches au-dessus de trois kilogrammes.

Le pain de ménage sera fabriqué avec de la farine blutée au degré de 75 pour cent, et le pain bis avec 1/3 de farine première et 2/3 de troisième.

Ces pains seront divisés en miches d'un kilogramme et demi, trois et six kilogrammes, sauf la réserve relative au pain blanc.

Les miches seront de forme ronde, percées ou non percées, au gré de l'acheteur.

Néanmoins, les boulangers pourront confectionner, aux personnes qui le demanderont, des miches ou pains de forme allongée ou des miches coupées.

Pour les miches ou pains de cette forme, qui devront d'ailleurs avoir le poids des autres miches, c'est-à-dire un kilogramme et demi, trois et six kilogrammes, les boulangers sont autorisés à réclamer à l'acheteur une surtaxe savoir : d'un septième du prix de taxe, sur les miches ou pains d'un kilogramme et demi, d'un quinzième sur celles de trois kilogrammes ou d'un trentième sur celles de six kilogrammes.

Les boulangers sont tenus de détailler du pain en aussi petite quantité qu'on le demanderait, mais alors le prix en sera réglé de gré à gré avec l'acheteur.

Le pain livré par la boulangerie aux consommateurs devra, à moins de demande contraire, être rassis, c'est-à-dire tiré du four depuis douze heures au moins, bien conditionné et convenablement cuit.

Les boutiques de boulangers, approvisionnées des trois espèces de pain, seront ouvertes au public savoir : depuis sept heures du matin jusqu'à huit heures du soir, pendant les mois de janvier, février, mars, octobre, novembre et décembre, et depuis cinq heures et demie du matin jusqu'à neuf heures du soir pendant les six autres mois.

Dans le cas où les boulangers seraient dépourvus de miches de pain blanc ou de pain de ménage, de la forme ordinaire, ils seraient tenus de livrer à l'acheteur, et sans surtaxe, des miches coupées ou allongées dites de fantaisie. Ils seraient également obligés de livrer le pain blanc au prix du pain de ménage s'ils étaient dépourvus de cette dernière qualité.

Les boulangers sont rigoureusement tenus de peser toute espèce de pain sortant de leurs boutiques, quand même l'acheteur ne le demanderait pas, et ils ne pourront jamais prétendre à une tolérance sur le poids constaté sous prétexte de dessication ou de trop de cuisson.

Les pains blancs de 500 grammes et au-dessous sont seuls exceptés de cette disposition.

Les boulangers devront apposer sur tous les pains de leur

fabrication du poids d'un kilogramme et demi et au-dessus, l'empreinte du numéro qui leur aura été assigné.

Les boulangers qui sont dans l'usage de porter ou faire porter le pain à leurs pratiques devront, ou être porteurs de balances et de poids, ou placer sur le pain une étiquette indiquant la qualité et le poids.

La taxe sera établie par le Maire quand il surviendra des changements suffisants dans le cours des blés et farines; il prendra pour base de celle-ci le prix moyen du blé ou celui de la farine vendus pendant la quinzaine précédente, soit à la halle de cette ville, soit ailleurs.

Il sera ajouté six francs comme bénéfice du boulanger, pour confection en pain, d'un sac de 100 kilogrammes de farine.

La taxe sera adressée aux boulangers, qui devront l'afficher dans l'endroit le plus apparent de leurs boutiques.

Il y aura un syndic et deux adjoints pour représenter la boulangerie de Bar. Ils tiendront la main à l'entière exécution des présentes, pour la garantie desquelles les boulangers affecteront l'intégralité de leur approvisionnement de réserve.

Les communications avec le Maire au sujet du service de la boulangerie, auront lieu par l'intermédiaire du syndic seul, ou à son défaut, de l'un des adjoints.

Le syndic et les adjoints seront nommés chaque année, par les dix plus anciens boulangers, réunis à la Mairie sur la convocation et sous la présidence du Maire.

Le syndic et les adjoints, sous l'autorité du Maire, procéderont au classement des boulangers et régleront le minimum du nombre de fournées que chaque boulanger sera tenu de faire journellement.

Le Maire pourra, quand il le jugera à propos, faire procéder à un nouveau classement.

Nul boulanger ne pourra restreindre, sans y avoir été autorisé par le Maire, le nombre des fournées auxquelles il aura été obligé suivant sa classe.

Les boulangers admis et ayant commencé à exploiter, ne pourront quitter leur établissement que six mois après la déclaration qu'ils en auront faite au Maire, lequel ne pourra se refuser à la recevoir.

Tout boulanger qui contreviendra aux dispositions du présent règlement pourra être interdit temporairement ou définitivement, selon l'exigence des cas, de l'exercice de sa profession.

Cette interdiction sera prononcée par le Maire, sauf au boulanger de se pourvoir contre la décision du Maire, auprès de l'autorité administrative supérieure.

Les boulangers qui, en contravention au présent règlement auraient quitté leur établissement sans avoir fait préalablement la déclaration ci-dessus prescrite; ceux qui auraient fait disparaître tout ou partie de l'approvisionnement qu'ils sont tenus d'avoir en réserve et qui, pour ces deux cas, auraient encouru l'interdiction définitive, seront considérés comme ayant manqué à leurs engagements.

Leur approvisionnement de réserve ou la partie de cet approvisionnement qui aura été trouvée dans les magasins sera saisie, et ils seront poursuivis, à la diligence du Maire, devant les tribunaux compétents, pour être statué conformément aux lois.

Le règlement concernant la boulangerie, ainsi que la taxe du pain, devra toujours être affiché dans le lieu le plus apparent de la boutique de chaque boulanger.

Halle aux grains.

ART. 64. — Les jours des marchés publics aux grains, qui se tiennent à la Halle, les mardi et samedi de chaque semaine, tous achats et ventes de grains livrables instantanément et destinés comme objets de trafic ou de commerce à la consommation de la ville, sont interdits hors de ces marchés avant deux heures de l'après-midi.

Il est défendu à toute personne d'aller au-devant des détenteurs de ces grains et farines dans les lieux publics, les avenues de la ville, sur les routes ou chemins qui y conduisent, pour acheter ou arrher ces grains et farines avant l'ouverture des marchés.

Les grains amenés en ville un autre jour que ceux de marché public ou après la clôture du marché, pourront être déposés à la halle pour y être mis en vente au marché prochain. Il en sera de même de ceux qui seront restés invendus.

Le marché aux grains sera ouvert à sept heures du matin depuis le 1er avril jusqu'au 30 septembre, et à huit heures depuis le 1ᵉʳ octobre jusqu'au 31 mars. Il sera fermé à deux heures après midi en toute saison.

Les boulangers ne pourront s'y présenter avant neuf heures.

Les propriétaires ou exploitants des moulins de commerce et les commerçants en grains ou farines ne pourront y acheter avant onze heures.

Il est défendu à toute personne d'acheter pour revendre pendant toute la durée du même marché.

Les grains achetés seront enlevés de la halle dans le cours de la journée.

Les cultivateurs et les propriétaires des grains amenés à la halle pourront les décharger eux-mêmes ou les faire décharger par qui bon leur semblera.

Le mesurage des grains sera fait par la personne dont le vendeur et l'acheteur conviendront amiablement; à défaut d'accord, le mesurage sera fait par le hallier.

Le dépôt des grains à la halle et le mesurage par le hallier, lorsqu'il en sera requis, auront lieu gratuitement. Si le dépôt durait plus de quinze jours, il serait payé à la ville cinq centimes par mois et par 100 kilogrammes.

Tous les grains conduits ou laissés en dépôt à la halle hors des jours de marchés ou après la clôture d'un marché, seront confiés à la garde d'un hallier commissionné par le Maire et rétribué par la ville. Ce hallier sera responsable des grains mis sous sa garde par le propriétaire; à cet effet, il tiendra un registre coté et paraphé par le Maire, et sur lequel il inscrira jour par jour, par ordre de date, et sans interruption de blanc, les quantités et espèces de grains déposés, ainsi que les noms et la demeure du propriétaire. Ce dernier pourra faire ajouter à l'inscription la qualité et le poids des mêmes grains. Le hallier en donnera un récépissé qui sera rendu au moment de l'enlèvement. Ce hallier constatera sur le même registre l'espèce et la quantité des grains exposés en vente à chaque marché.

Le hallier tiendra une note exacte des qualités, espèces et prix des grains vendus; cette note, signée et certifiée par lui, sera remise à la Mairie à la fin de chaque marché et servira à l'établissement de la mercuriale.

Abattoir. — Boucherie et Charcuterie.

ART. 65. — L'abattage des bœufs, vaches, veaux, moutons et porcs destinés à la consommation des habitants, ne peut avoir lieu dans le rayon de l'octroi qu'à l'Abattoir public ; toutes les tueries particulières sont interdites.

Toutefois, les propriétaires et les particuliers qui élèvent des porcs pour la consommation de leur maison, conservent la faculté de les abattre chez eux, pourvu que ce soit dans un lieu clos et séparé de la voie publique, et en se conformant aux règlements de police.

Les bouchers et charcutiers forains peuvent faire usage de l'abattoir public, mais sans y être obligés, soit qu'ils concourent à l'approvisionnement de la ville, soit qu'ils approvisionnent seulement la banlieue ; ils sont, ainsi que les bouchers et charcutiers de la ville, libres de tenir des échaudoirs et des abatttoirs hors de la ville, dans les communes voisines, sauf l'approbation de l'autorité locale.

En aucun cas et pour quelque motif que ce soit, le nombre des bouchers et charcutiers ne pourra être limité : tout individu qui voudra s'établir à Bar-le-Duc sera seulement tenu de se faire inscrire à la Mairie, où il fera connaître le lieu de son domicile et justifiera de sa patente.

Les bouchers et charcutiers de la ville ont la faculté d'exposer en vente et de débiter de la viande dans leur domicile, pourvu que ce soit dans des étaux convenablement appropriés, en suivant les règlements de police, et en ayant soin d'attacher à chaque morceau exposé en vente une étiquette indiquant l'espèce de l'animal.

Quand un boucher ou un charcutier de la ville voudra user de la faculté accordée par l'art. 3 de l'ordonnance du 4 mars 1830, de tenir des échaudoirs et des abattoirs hors de la ville, dans les communes voisines, il devra préalablement en faire la déclaration à la mairie de Bar-le-Duc.

Les bouchers et charcutiers de la ville peuvent, comme les forains, exposer en vente et débiter leur viande sur les marchés et pendant la tenue de ces marchés.

Il est défendu de colporter des viandes en quête d'acheteurs et d'en exposer en vente sur toute partie de la voie publique autre que celles qui sont affectées à la tenue des marchés. Toutefois, il n'est en rien dérogé au droit d'apport et de vente à domicile.

Nul ne peut se livrer au commerce des viandes, soit sur pied, soit abattues, avant d'avoir fait à la mairie la déclaration préalable et fait connaître ses noms, prénoms, lieu de domicile ordinaire ou habituel, le numéro et la date de sa patente, afin de faciliter à l'Autorité municipale l'exercice de la surveillance sur la fidélité dans le débit et la salubrité des comestibles exposés en vente.

Avant d'être admis chez un boucher, les garçons bouchers devront justifier de leur moralité, être en outre pourvus d'un livret, et le faire viser par le Commissaire de police.

Les animaux destinés à l'abattage ne pourront stationner dans les rues adjacentes et aux abords de l'abattoir ; ils seront liés et entravés de manière à prévenir tout accident ; ils seront toujours conduits par un ou plusieurs bouchers ou garçons bouchers.

Quand un animal aura été introduit dans l'abattoir, les portes en seront immédiatement fermées ; aucune personne étrangère au service ne pourra y rester ; l'animal sera abattu sans aucun retard et sans pouvoir séjourner dans l'abattoir ni y rester attaché.

Les places à l'abattoir seront successivement occupées suivant l'ordre d'arrivage ; s'il n'y avait plus de places vacantes quand un animal sera présenté, il sera reçu pendant vingt-quatre heures au plus dans l'écurie de l'établissement, où il sera soigné et nourri aux frais du propriétaire.

La durée de l'occupation de chaque place dans l'abattoir, sera au plus :

Pour un bœuf ou une vache.............. de 24 heures.

Pour un veau au-dessous d'un an........... de 12 —

Pour un mouton ou une autre espèce du même bétail............................ de 3 —

Il est défendu d'introduire aucun chien dans l'intérieur de l'abattoir.

Il est défendu à toute personne de fumer et de jouer dans l'abattoir ; nul ne pourra s'introduire pendant la nuit dans les écuries en dépendant, à moins d'être porteur de lanternes bien fermées.

Le propriétaire d'un animal et le boucher, ou autre personne qui l'auront conduit et abattu, demeureront pécuniairement responsable des suites de tout accident qui surviendrait par défaut de précautions suffisantes. Les bouchers et leurs employés le seront également de toutes dégradations commises ou des accidents arrivés aux bâtiments et ustensiles de l établissement pendant qu'ils étaient employés à leur service, et sauf leur recours contre les auteurs desdites dégradations.

Les animaux qui, avant l'abattage, seraient atteints d'une maladie les rendant impropres à la consommation, seront remis au propriétaire.

Les viandes et issues qui, après l'abattage, se trouveraient gâtées, corrompues ou nuisibles, seront enfouies par les soins de l'autorité et aux frais du propriétaire, si ce dernier ne justifie pas qu'il peut en tirer un tout autre parti que l'alimentation humaine. Dans tous les cas, la peau et le suif de l'animal dont proviendraient lesdites viandes et issues, seront laissés au propriétaire.

L'abattage des animaux ne pourra être fait que de jour, depuis le lever jusqu'au coucher du soleil, à moins de permission de l'autorité municipale.

Le pavé, les sceaux, baquets et autres ustensiles de service, seront lavés et nettoyés par les soins de celui qui aura abattu, aussitôt après l'abattage, de manière qu'il ne reste dans l'abattoir ni sang ni ordure, et que le tout soit dans le plus grand état de propreté.

Le propriétaire de l'animal abattu devra faire enlever immédiatement tous les débris, tels que intestins, tripes, boyaux et autres, qui ne s'incorporent pas avec le fumier, après toute fois qu'ils auront été complétement vidés et nettoyés ; il ne pourra laisser séjourner dans l'abattoir les suifs, dégrais, cuirs, peaux et autres débris.

Quand un boucher aura abattu une bête femelle qui se trouvera pleine, il sera tenu de faire enfouir sur le champ son fruit, après l'avoir fait découper en menus morceaux, et pris les précautions indiquées par la police pour cet enfouissement.

Le sang, les débris, les vidanges seront enlevés tous les

jours par les soins du propriétaire de l'animal abattu. Il est fait défense d'en répandre dans les rues et dans la rivière. Les fumiers abandonnés par les bouchers et charcutiers appartiendront à la ville ou à l'adjudicataire de l'établissement, qui les fera enlever à ses frais tous les huit jours, depuis le 1er octobre jusqu'au 1er avril, et deux fois par semaine dans les six autres mois de l'année.

Les bouchers se pourvoiront de cordages, tinettes, étaux, seaux, baquets, brouettes et autres ustensiles nécessaires à l'exercice de leur profession, autres que ceux placés par la ville à perpétuelle demeure et pour le service de l'établissement ; ils les tiendront constamment, ainsi que ceux-ci, dans le plus grand état de propreté.

En exécution de l'arrêté municipal du 3 mai 1860 et de la délibération du Conseil municipal du 4 même mois, actes approuvés par M. le Préfet le 14 juin suivant, un bureau public de pesage est établi, tant au Marché couvert qu'à l'abattoir ; il est géré par les gardiens de ces deux établissements.

Le droit à percevoir au profit de la ville est fixé à cinq centimes par pesée. Ce pesage est particulièrement établi pour constater le poids des veaux. Aucun veau ne peut être introduit en ville ni livré à la boucherie pour la consommation locale, s'il ne pèse quarante kilogrammes au moins sur pied.

En vertu de l'approbation de Son Exc. le Ministre de l'intérieur, en date du 16 avril 1832, il sera payé pour droit d'abattage, d'occupation dans l'abattoir et de station, s'il est nécessaire, dans les écuries en dépendant, savoir :

Pour chaque bœuf, taureau ou vache.........	1 fr.	50 c.
Pour chaque veau au-dessous d'un an.........	»	40
Pour chaque mouton, agneau ou chevreau.....	»	25
Pour chaque porc........................	»	50

Les droits d'occupation de places pour l'abattage seront restitués pour les bestiaux retirés de l'abattoir comme malsains, pour ceux qui mourraient dans cet établissement sans avoir été abattus, pour ceux que leurs propriétaires en retireraient volontairement avant l'abattage et pour ceux qui n'auraient pas réellement séjourné dans l'abattoir.

Un préposé est spécialement chargé de constater jour par jour, sur un registre tenu à cet effet, le nombre, le poids et

les espèces de bestiaux abattus, ainsi que les quantités et nature de viandes exposées à la boucherie.

Cet employé doit surtout s'assurer à l'avance si le droit
d'octroi a été exactement payé; il constate aussi l'existence de
toutes les contraventions au règlement de l'abattoir et de la
boucherie, et en dresse des procès-verbaux qui seront remis
par lui à la mairie, à l'effet de faire exercer les poursuites
convenables; il est commissionné à cet effet, par le Maire,
prête serment en justice avant d'entrer en fonctions, et se con-
forme aux ordres et instructions qui lui ont été donnés, soit
par le Maire, soit par le préposé en chef de l'octroi; son trai-
tement annuel est fixé par le Conseil municipal et porté au
budget des dépenses communales.

Le transport en ville des animaux abattus, entiers ou dépecés,
ne pourra s'effectuer qu'au moyen de voitures bien couvertes,
et construites de manière à en cacher complétement le contenu.

Les mêmes animaux ne seront jamais exposés en dehors des
boucheries.

Les animaux conduits à l'abattoir ou ailleurs seront toujours
placés de telle sorte qu'ils n'éprouvent aucune souffrance inutile.

Enfin, il est expressément interdit aux abatteurs de porcs
ainsi qu'à tous autres individus employés à l'abattoir, de s'approprier, sous quelque prétexte que ce soit, aucune partie
quelconque de ces animaux, et notamment, entre autres, la
saignée, les oreilles et la queue, sous peine d'être expulsés
de l'établissement, et en outre, déférés au tribunal compétent.

Pour mieux assurer l'exécution de cette disposition, les individus dont il s'agit ne pourront s'introduire à l'abattoir pourvus
de sacs et de paniers.

Le préposé de l'abattoir est spécialement chargé, avec le
Commissaire et les agents de police, de tenir la main à l'exécution du présent règlement et de constater les contraventions
qui seraient commises.

Incendies.

Art. 66. — Il est défendu d'allumer du feu dans les champs
à une distance moindre de cent mètres des maisons, bois,
bruyères, vergers, haies, meules de grains, de paille ou de
foin, d'aller dans les écuries, granges et autres bâtiments ren-

fermant des matières inflammables avec de la lumière, à moins qu'elle ne soit renfermée dans une lanterne bien close.

Il est également défendu de fumer dans les mêmes lieux.

ART. 67. — Il est enjoint à tous propriétaires et locataires de faire balayer et décrasser de suie leurs cheminées au moins deux fois par année. Pour s'assurer de l'exécution de cette mesure, le Commissaire de police, accompagné d'un expert désigné par l'Administration municipale, fera, aux époques fixées par des arrêtés spéciaux, une visite générale de toutes les habitations. Il ne se bornera pas à s'assurer que l'intérieur des cheminées ne contient aucun dangereux amas de suie, ils visiteront l'extérieur, et dans toute leur étendue, les voûtes des fours et les tuyaux des cheminées, pour constater qu'ils sont parfaitement adhérents aux murs et ne sont sillonnés par aucune fente, par aucune lézarde capable de laisser échapper des étincelles ou de la fumée.

Les tuyaux de cheminée doivent être éleves d'un mètre au moins au-dessus de toute toiture, n'être surmontés par aucune poutre ou solive, ni appuyés contre des séparations en bois. Ils ne doivent traverser aucun grenier à fourrage.

Quant aux cheminées des boulangers et aux cheminées où les industriels brûlent de la houille ou du coke, les tuyaux doivent être élevés de deux mètres au moins, non-seulement au-dessus des toitures qu'ils traversent, mais encore des toitures circonvoisines, dans un rayon de dix mètres.

Tous bois, fagots et autres matières combustibles doivent en être éloignés ainsi que des voûtes de four, d'un mètre au moins.

Les foyers doivent être construits en pierre ou en briques, et avoir une profondeur d'un mètre trente centimètres, au moins, dans les cuisines, depuis le contre-cœur jusqu'au plancher, et de quatre-vingt dix-huit centimètres dans les autres pièces. Le contre-cœur doit être constamment garni d'une plaque de fer.

Les poêles ou fourneaux doivent être posés sur des pierres ou des plaques de métal dépassant de tous côtés la circonférence de ces poêles ou fourneaux, de trente centimètres au moins.

Les cendres et la braise doivent être déposées dans les caves et non ailleurs.

Toute maison doit avoir au moins une ouverture pratiquée dans la toiture, permettant de monter et d'aller avec facilité sur toutes les parties des toits de cette maison; une échelle doit rester à demeure près de cette ouverture.

Les propriétaires qui éclairent quelques parties de leurs maisons au moyen d'un jour astral ou de tuiles en verre, sont tenus de faire entourer la portion de toiture où ces tuiles sont placées, d'une galerie en fer ou en bois, qui n'aura pas moins de quatre-vingts centimètres de hauteur.

Ces dispositions ne sont pas applicables aux toitures en ardoises, la rapidité de leur pente excluant toute possibilité de parcours. Tout ménage, quel que soit le nombre de ceux réunis dans une seule maison, doit être pourvu d'une lanterne en bon état, portant le nom du chef de chaque ménage.

ART. 68. — Il est enjoint à tous débitants de poudre de chasse de tenir sous clé et en petite quantité, celle qui est destinée à la vente journalière; d'apporter la plus grande célérité et de prendre les plus grandes précautions pour le transport de cette poudre en cas d'incendie.

Il est fait défense formelle auxdits débitants de poudre d'en vendre à des enfants au-dessous de l'âge de dix-huit ans. Aucun dépôt de poudre, de fusées ou artifices, ne pourra être établi que dans des lieux indiqués par le Maire et avec les précautions prescrites par lui.

ART. 69. — En cas d'incendie, l'alarme est donnée par les tambours, le beffroi et les cloches des églises. Le beffroi ne sonnera pas plus de dix minutes, temps suffisant pour réunir les secours nécessaires. Les tambours cesseront de battre et les cloches cesseront de sonner en même temps que le beffroi.

Les cloches ne sonneront pas et les tambours ne battront pas pour un feu de cheminée.

L'incendie est signalé pour les différents quartiers de la ville, savoir :

A coup précipités, sans aucun coup dans les intervalles, pour le centre, autour de la Municipalité;

Par un coup pour le nord, ou Couchot,

Par deux coups pour le levant, ou la Rochelle.

Par trois coups pour le midi, ou la Ville-Haute.

Par quatre coups pour le couchant, ou les rues de Véel et de la Banque.

Pendant la nuit, quel que soit le quartier où le feu se manifeste, les rues de toute la ville doivent être éclairées aux premiers coups du beffroi. En conséquence, tout habitant est tenu d'entretenir, sur une de ses croisées donnant sur la rue, et pendant toute la nuit, une lanterne allumée, sous peine d'amende.

Aussitôt qu'un incendie est déclaré, le commissaire et les agents de police se rendent immédiatement sur le lieu du sinistre, et, avec l'assistance de la gendarmerie et de la troupe, font évacuer les bâtiments incendiés et reculer le public de manière à dégager parfaitement les abords pour l'établissement des pompes à l'arrivée des sapeurs-pompiers.

L'attaque d'un incendie et le sauvetage de tout ce qui peut devenir la proie des flammes, sont exclusivement confiés au corps des sapeurs-pompiers et à la division des sauveteurs qu'il comprend.

Le capitaine commandant le corps des sapeurs-pompiers et des sauveteurs, agissant sous l'autorité du Maire, dirige tout le service des incendies dans les limites des règlements.

Le service des chaînes est fait par tous les citoyens qui n'ont point de mission spécifiée au présent règlement.

Le service est spécialement organisé par le commissaire de police et ses agents, qui signalent aux officiers des sapeurs-pompiers les prises d'eau et font former les chaînes de ces lieux aux pompes désignées par les officiers.

Le Commissaire et les agents de police ainsi que la gendarmerie veillent, sous l'autorité du Maire, à ce que les seaux vides se transportent du côté droit en partant du foyer, et les seaux pleins du côté gauche ; ils donnent aussi les ordres nécessaires à la bonne organisation des chaînes.

Sur les indications du Commissaire de police et de ses agents, l'officier des sauveteurs désigne les maisons qu'il reconnaît propres, par leurs dispositions, à recevoir les objets sauvetés. Les habitants de ces maisons sont dès lors tenus de livrer, pour cette destination, une partie des bâtiments, sauf à l'officier des sauveteurs à faire fournir sur le champ une garde de surveillance.

Après l'incendie , la remise des objets sauvetés est faite aux propriétaires par l'officier des sauveteurs , assisté du commissaire de police ou de l'un des agents et de la gendarmerie , au lieu du dépôt même.

En cas de contestation sur la propriété d'effets sauvetés , ces effets sont placés sur-le-champ en séquestre dans un dépôt public désigné par le Maire , jusqu'à la décision de l'autorité compétente ; toutefois, les objets ne sont remis qu'après le paiement des frais de séquestre.

La compagnie de la garde nationale de service dans les incendies, conformément aux dispositions de l'art. 7 de l'arrêté du 5 novembre 1852 , fournit concurremment avec les troupes de la garnison : 1° autour des maisons envahies par le feu et des pompes en manœuvre, une garde d'enceinte chargée d'écarter les curieux, d'interdire l'accès de ces maisons aux bourgeois, et de ne laisser arriver que ceux dont le zèle peut être requis et utilisé ; 2° une garde auprès du matériel des pompiers ; 4° une garde ou des fonctionnaires au lieu du dépôt des objets sauvetés ; 4° une garde d'enceinte aux extrémités des chaînes, aux angles des rues qui les traversent , afin de maintenir les citoyens dans le cercle des secours ou de les en écarter, sur la réquisition du Commissaire de quartier et des agents de la force publique ; 5° enfin, des factionnaires partout où il est nécessaire d'intercepter les passages.

Le Commissaire et les agents de police sont spécialement chargés de maintenir l'ordre dans le cercle des secours, d'en empêcher l'envahissement par la foule, de faire évacuer le public des abords des lieux incendiés , ainsi que le trop plein des travailleurs dans l'étendue des chaînes.

La police des incendies et le droit de donner des ordres, soit pour abattre des bâtiments menacés, soit pour tout ce qui peut, en de telles circonstances, intéresser la sûreté publique , appartient à l'autorité municipale seule.

Un conseil de secours se réunit près du Maire , sur le lieu de l'incendie, en un point qui est signalé pour le ralliement, par un drapeau surmonté d'une lanterne en verre rouge.

Ce conseil est composé des Adjoints, du Commandant de la garde nationale, du Capitaine des pompiers , du Capitaine de la garde nationale de service, de l'Aide-major de la garde nationale ou d'un Médecin et de l'Architecte de la ville.

Un piquet de réservè des hommes de la compagnie de la garde nationale qui ne sont point utilisés stationne sur ce point de ralliement.

En cas d'incendie à la Ville-Haute ou dans les côtes qui y conduisent, tous les propriétaires et principaux locataires ayant des puits ou des citernes dans leurs maisons, sont tenus d'en faciliter l'accès à la première invitation.

Police rurale.

ART. 70. — Il est fait défense formelle de couper, ébrancher, écorcer, casser ou arracher les arbres plantés le long des quais, dans les rues, sur les places et promenades publiques, de conduire, même de faire passer aucune espèce de bestiaux sur lesdits quais, places et promenades, ni sur les trottoirs des rues, de commettre aucune dégradation aux bancs et barrières confiés à la foi publique.

ART. 71. — Tout propriétaire est tenu de placer, dans la partie basse et apparente de chacune de ses vignes, une pierre de taille sur laquelle sera gravée au moins la lettre initiale de son nom de famille, afin que les gardes, en cas de délits ou de contraventions, puissent facilement reconnaître ce propriétaire.

ART. 72. — Il est expressément défendu de mener paitre des bestiaux dans les sentiers, sur les chemins et sur les promenades.

ART. 73 — Il est défendu de déposer à demeure sur les chemins vicinaux et communaux et sur les sentiers, des fumiers, terres, matériaux et autres encombrements, d'y faire des fouilles, d'y prendre des pierres, graviers et gazons; de combler les fossés qui les bordent ou d'en pratiquer qui compromettent la solidité ou le parcours de ces chemins, à partir du bord desquels les talus devront avoir une pente telle qu'il n'y ait à redouter ni éboulements de terre ni accidents pour les voitures, d'enlever les bornes qui les séparent des propriétés contiguës et celles indicatives des limites du finage; de placer des voitures à demeure dans ceux desdits chemins qui avoisinent la ville et ses faubourgs, de commettre enfin sur lesdits chemins et sentiers aucune espèce de dégradation ni d'anticipation.

ART. 74. — Il ne peut être fait ni construction, ni plantation sur les bords des chemins sans autorisation de l'Autorité municipale, à qui il appartient de tracer l'alignement à suivre, ainsi que pour les autres parties de la voie publique.

Repos public.

ART. 75. — Il est défendu à tous crieurs de denrées et marchandises dans les rues, à tous ouvriers à marteaux, tels que serruriers, taillandiers, maréchaux ferrants, ébénistes, menuisiers, charpentiers, tonneliers, ferblantiers, chaudronniers, bonnetiers, cloutiers, pointiers et autres artisans dont la profession exercée pendant la nuit pourrait troubler le repos et la tranquillité publics, de se livrer à leurs travaux le matin avant le son du beffroi et le soir après le son de la même cloche.

ART. 76. — Il est défendu après l'heure de la retraite 1° de faire aucun rassemblement dans les rues ou sur les places publiques ; 2° de se livrer à aucun bruit, divertissement, chant ou tapage qui puisse troubler la tranquillité des habitants ; 3° aux enfants d'aller sonner ou frapper aux portes et aux volets ; 4° aux postillons ou autres conducteurs de voiture de faire claquer leur fouet de manière à interrompre le repos des habitants.

ART. 77. — Toute personne masquée, déguisée ou travestie, invitée par le Commissaire de police ou par un de ses agents à le suivre au bureau de police, devra s'y rendre sur-le-champ pour donner les explications qui pourront lui être demandées.

ART. 78. — Il est défendu à toute personne masquée, déguisée ou travestie 1° de porter ni épée, ni armes, ni bâton ; 2° De s'introduire dans les maisons ou boutiques sans l'autorisation du maître de la maison ; 3° D'arrêter les passants dans les rues, de les injurier, de leur jeter quoi que ce soit.

Foires et Marchés.

ART. 79. — Les foires autorisées par ordonnance du 15 mai 1822, s'ouvrent le 22 janvier, le jeudi d'après l'Ascension et le 3 novembre. La première dure un jour, la deuxième huit, et la troisième trois. La deuxième se tient à la Ville-Basse et les deux autres sur la place de la Halle, Ville-Haute, et dans les rues adjacentes, le tout conformément aux indications de l'Administration municipale.

Les marchés ont lieu, savoir :

Au Marché couvert, le mardi, le vendredi et le dimanche ;

Le marché de la Ville-Haute, sur la place de la Halle, le mercredi et le samedi ;

Le marché aux bestiaux, fixé au premier vendredi de chaque mois, se tient rue du Port ainsi que le marché aux porcs.

Police des Marchés.

ART. 80. — Toutes les denrées alimentaires entrant en ville pour y être vendues pour la consommation locale, seront apportées sur le marché à l'effet de faciliter la vérification de leur salubrité.

Il est défendu d'exposer en vente, de se mettre en quête d'acheteurs et de vendre des denrées et des marchandises sur la voie publique, ailleurs que dans les lieux déterminés par l'Autorité municipale.

Les jours de marché à la Ville-Basse, ces ventes en dehors des lieux déterminés par l'Autorité municipale seront tolérées dans la partie de la Ville-Haute comprise dans la circonscription de la paroisse Saint-Etienne.

Il ne pourra être déposé sur l'emplacement des marchés, même temporairement, et sous quelque prétexte que ce soit, aucun autre objet que les denrées ou marchandises destinées à y être mises en vente.

Dès que le déchargement des voitures d'approvisionnement sera opéré, les marchands seront tenus de ranger ces voitures sur l'emplacement désigné à cet effet, de manière qu'elles ne puissent gêner la circulation.

Toutes les mesures devront être prises pour que les chevaux et autres bêtes de somme employés pour apporter les denrées ou les marchandises, ne puissent errer à l'abandon.

Les marchands stationneront sur les places qui leur auront été indiquées. Ces places seront désignées de manière que les denrées de même nature soient, autant que possible, à la suite immédiate les unes des autres, que les objets analogues soient rapprochés, et que l'on conserve les espaces nécessaires à la circulation.

Chaque marchand occupant une place sur les marchés sera tenu d'acquitter le droit de location fixé par le tarif. Le non-paiement de ce droit entraînerait, à l'égard du débiteur, l'exclusion du marché, sans préjudice des poursuites à exercer pour le recouvrement de la dette.

Les poids, balances et mesures employés aux marchés, devront être exactement conformes aux prescriptions de la loi, et seront tenus dans un état constant de justesse et de propreté.

Les marchands et les revendeurs devront se tenir et rassembler leurs marchandises, denrées et ustensiles, dans la limite exacte qui leur aura été assignée.

§ II.

Dispositions particulières au Marché couvert.

Destination des emplacements.

Art. 81. — Les galeries et la cour du Marché couvert, ainsi que le quai de la Rochelle s'il y a lieu, sont spécialement réservés pour la vente des comestibles de toutes sortes. Il est bien entendu que l'étalage sur le quai ne devra jamais, même momentanément, entraver la circulation sur cette partie de la voie publique.

Les boutiques, les étagères et les places de premier étage, sont destinées aussi à la vente des comestibles et spécialement à la vente d'objets de lingerie, de mercerie, d'étoffes, de chaussures, etc.

Les jardiniers et les marchands de légumes ne pourront s'installer ni dans la cour ni sur le quai, qui sont réservés aux marchands dont l'approvisionnement et le débit sont trop peu importants pour occuper des places d'un prix plus élevé.

Ouverture et fermeture du Marché couvert.

Art. 82. — Le Marché couvert pourra s'ouvrir tous les jours, aux marchands ou aux catégories de marchands désignés par l'autorité municipale.

Les heures d'ouverture et de fermeture sont fixées savoir :

Du 1er avril au 30 septembre, ouverture à cinq heures du matin et fermeture à cinq heures du soir.

Toutefois, les jours de grand approvisionnement sont fixés aux mardi, vendredi et dimanche de chaque semaine pour le Marché couvert : et aux mercredi et samedi pour la Ville-Haute.

La cour du Marché couvert et le quai de la Rochelle, ne seront ouverts que pendant les trois jours de grand approvisionnement et devront toujours être évacués à dix heures du matin, du 1er avril au 30 septembre, et à neuf heures du 1er octobre au 31 mars.

En toute saison, le marché sera fermé le dimanche à neuf heures du matin.

Des écritaux suspendus dans les galeries indiqueront l'heure de la clôture pour chaque saison.

L'ouverture et la fermeture du marché seront annoncées par le son d'une cloche.

Un premier coup de cloche annoncera la clôture une demi-heure à l'avance, un second coup, au moment de clore, avertira le public qu'il doit se retirer.

Les marchands établis dans les galeries commenceront aussitôt à nettoyer leurs places, comme il est prescrit ci-après.

Le balayage devra être terminé dans l'espace d'une demi-heure. Ce temps passé, un troisième et dernier coup de cloche annoncera l'évacuation complète du marché et la fermeture des portes et des grilles.

Les portes et les devantures des boutiques construites dans les galeries, ainsi que les portes des caves, devront être soigneusement fermées à clef aux heures ci-dessus prescrites pour la clôture du Marché.

Les jours de grand approvisionnement (c'est-à-dire les mardi, vendredi et dimanche pour le Marché couvert et les mercredi et samedi pour la Ville-Haute), les aubergistes, traiteurs, rôtisseurs, pâtissiers, cabaretiers, marchands et revendeurs de poisson, de volaille, gibier, fruits, légumes, beurre, œufs et autres comestibles ne peuvent sous aucun prétexte ni personne pour eux, paraître sur les marchés ni conséquemment y acheter ou faire acheter que pendant la dernière heure de ces marchés c'est-à-dire de huit à neuf heures du 1er avril au

30 septembre et de neuf à dix heures du 1er octobre au 31 mars.
Il est défendu aux mêmes aubergistes, traiteurs, etc., d'aller
dans les limites du rayon de l'octroi, au devant de ceux qui
viennent approvisionner les marchés, d'acheter ou arrher les
denrées, et enfin d'empêcher les denrées d'arriver et d'être
exposées en vente sur ces marchés.

Il est défendu à toutes personnes d'accaparer, durant les
marchés, aucun comestible, de manière à en faire hausser le
prix, ou d'enlever sans besoin justifié c'est-à-dire sans propor-
tion avec les besoins ordinaires, ce qui est nécessaire aux
autres acheteurs ; dans ce cas, ces derniers auront le droit de
prendre ce qui leur sera indispensable aux prix faits par les
accapareurs, de pi éférence à ceux-ci et à leur exclusion.

Les bouchers, ainsi que les revendeurs de comestibles, domi-
ciliés à Bar-le-Duc et qui fréquentent les marchés, y seront
placés dans un endroit suffisamment éloigné des bouchers et
des marchands forains, de manière qu'ils ne puissent commu-
niquer avec ceux-ci ni leur acheter.

Le Commissaire de police s'assurera constamment qu'on
n'expose en vente sur les marchés que des denrées de bonne
qualité, que des fruits et des légumes ayant acquis un degré
suffisant de maturité ; il veillera à ce que les balances, les
poids et les pesées, soient justes et exactes ; que les denrées,
et notamment le beurre, aient le poids annoncé ; enfin, à ce
que toutes les ventes soient loyales.

Les marchands seront tenus d'entretenir leurs places de
galeries ou leurs boutiques dans un état constant de propreté.

Ils entretiendront aussi dans le même état de propreté leurs
étalages, leurs denrées et leurs ustensiles.

Ils devront déplacer les marchandises et autres objets à eux
appartenant, toutes les fois qu'ils en seront requis pour faciliter le nettoyage du sol qu'ils occuperont.

Ils balaieront tous les jours les débris et ordures qui se trouveront dans les emplacements par eux occupés, et les amon-
celleront sur le passage public à l'heure précise fixée pour la
clôture du marché.

Les caves seront balayées le mardi, le jeudi et le samedi de
chaque semaine, une demi-heure avant la clôture, et les
ordures seront amoncelées sur le passage.

Il est défendu de jeter dans les passages réservés pour la circulation, des pailles et débris quelconques et d'y rien déposer.

Il est défendu aux marchands de volailles de les saigner et de les plumer soit à leurs places, soit dans les passages, soit aux abords du marché. Les viandes ne devront être coupées que sur des billots. Les débris de viande, de volaille, de poissons et de grenouilles, etc., devront être déposés dans des baquets qui seront vidés à la fin de chaque marché, soit sur des tombereaux, soit aux lieux désignés par l'Administration.

Mesures de police.

ART. 83. – Il est enjoint aux marchands de disposer leurs étalages de manière à ne pas gêner leurs voisins. Ils devront aussi, pour ne pas gêner les passages, se tenir dans l'intérieur de leurs boutiques et non à côté. Les siéges et les clôtures dont ils voudront se servir seront préalablement soumis à l'approbation de l'autorité municipale ; ils ne pourront s'abriter dans la cour que sous des parapluies de dimension ordinaire.

Il est défendu aux commissionnaires ou porteurs de provisions de stationner dans le Marché couvert ; ils devront se tenir dans la cour et dans les rues adjacentes.

Les marchands ne pourront laisser pendant la nuit, ni marchandises, ni ustensiles dans la cour et sous les galeries du Marché couvert : les boutiques fermées sont exceptées. Il est défendu de conduire des brouettes dans les galeries du marché.

Il est interdit aux marchands et aux revendeurs de rien fixer aux murs, cloisons et devantures de boutiques, par clous ou scellement. Ils ne pourront enfin rien changer, ajouter ou supprimer sans autorisation du Maire.

Il est défendu de fatiguer inutilement le mécanisme des pompes mises à la disposition du public, d'en répandre l'eau sans nécessité ; de déposer aux abords des baquets, seaux, cruches et autres vases.

Il est fait défense à toute personne fréquentant le Marché couvert d'y porter du feu autrement que dans des vases de cuivre, de fer ou de terre, recouverts d'un grillage en métal. Il est aussi défendu d'y fumer et d'y porter de la lumière, si ce n'est dans des lanternes bien fermées.

4

Défense est faite de commettre aucune dégradation dans les bâtiments du marché et sur les objets qui s'y trouvent; de rien écrire, tracer et crayonner sur les murs, sur les portes ou autre part. Les contrevenants seront poursuivis en réparation des dégâts qui auront été commis, et les parents ou tuteurs des enfants mineurs seront rendus civilement responsables.

Il est défendu d'uriner et de déposer des immondices aux abords ou contre les murs intérieurs et extérieurs du marché. Il est défendu d'y amener des chiens.

Toutes les mesures relatives aux marchés portées dans les les règlements antérieurs sont abrogées.

Le Commissaire de police et ses agents, les employés d'octroi et le gardien du Marché couvert, sont chargés de veiller à l'exécution du présent Règlement.

Toutes les contraventions aux dispositions qu'il contient seront, à la diligence desdits agents, constatées et poursuivies conformément aux lois.

Tarif des Droits de places.

		Par jour d'occupation.	
1° Resserres pour marchandises dans les caves.	0 fr.	12 c.	5 m.
2° Boutiques fermées de 4ᵐ carrés et auges à poissons..................................	1	» »	»
3° Stalles à rayon, de 2ᵐ d'étal.............	0	60	»
4° Places couvertes dans les galeries........	0	25	»
5° Places à découvert dans la cour..........	0	05	»
6° Places du 1ᵉʳ étage, le mètre carré........	0	10	»

Bals et Spectacles. — Fêtes publiques.

ART. 84. — Aucun spectacle ne peut être annoncé et ouvert sans la permission du Maire.

Tout directeur ou chef de troupe d'artistes qui demande l'autorisation de donner des représentations, est tenu de justifier du privilège qu'il a obtenu de S. Exc. le Ministre de l'intérieur, et de déposer au secrétariat de la Mairie les passeports de tout le personnel de sa troupe, ainsi que le répertoire des pièces autorisées qu'il se propose de faire jouer.

A chaque représentation, un poste de pompiers, placé sur le

théâtre, sera toujours prêt à agir et porter secours en cas de sinistre.

Un autre poste de troupe de ligne sera placé à l'entrée de la salle pour le maintien de l'ordre.

Tout spectateur dont la conduite troublerait l'ordre dans la salle, interromprait ou gênerait la représentation théâtrale, sera immédiatement expulsé.

Tous les spectateurs, lorsque le rideau est levé, doivent se découvrir la tête et garder le silence.

Toute marque d'approbation ou d'improbation n'est tolérée qu'autant qu'elle ne trouble pas le bon ordre.

Aucun billet jeté sur la scène ne sera lu au public sans la permission de l'autorité municipale.

Il est expressément défendu de fumer dans la salle de spectacle ainsi qu'au foyer, et de s'introduire sur le théâtre.

La porte de la salle de spectacle sera ouverte au public au plus tard à cinq heures du soir, et la distribution des cartes commencera immédiatement.

Le rideau devra être levé et le spectacle commencé au plus tard à six heures du soir, du 1er octobre au 1er avril, et à sept heures du soir pendant les autres mois de l'année. Le spectacle devra toujours être terminé avant minuit.

Les directeurs de spectacles ne pourront admettre plus de :

200 personnes aux premières loges ;
250   id.   aux secondes ;
75   id.   au parquet ;
et 150   id.   au parterre ;

Aucun bal ni divertissement public ne pourra être établi sans l'autorisation du Maire.

Les personnes tenant des salles de bals publics devront les fermer aux heures prescrites et veiller à y maintenir constamment l'ordre, la tranquillité et la morale ; aucun individu ne pourra s'y présenter en costume inconvenant ou indécent, y fumer et y danser d'une manière immorale.

Les bals, spectacles, et autres réunions, seront soumis au prélèvement prescrit au profit des pauvres.

Cimetière.

Inhumations et Exhumations.

ART. 85. — Tous les individus décédés seront enterrés dans le cimetière, quelles que soient leurs croyances religieuses.

Un emplacement spécial au nord-est du cimetière, composant le 16ᵉ canton, séparé par un chemin du reste du cimetière et d'une surface de 12 ares 10 centiares, est assigné pour l'inhumation des personnes professant le culte israélite. A l'ouest de cet emplacement, un canton également séparé des autres parties du cimetière et portant le n° 15, est affecté à l'inhumation des personnes appartenant à la communion protestante. La surface de ce canton est de 26 ares 30 centiares.

Chacun des cantons nˢ 15 et 16 sera entièrement entouré de haies et aura une entrée particulière. Le surplus du cimetière est affecté aux personnes professant le culte catholique. (*Décret du 23 prairial an XII, art. 15.*)

Le Maire pourra consentir des concessions dans le cimetière. Ces concessions, qui seront perpétuelles, trentenaires ou temporaires, ne pourront être données qu'aux endroits indiqués sur le plan fait à l'échelle de 0ᵐ 005 pour mètre, visé et approuvé par le Maire. Les concessions temporaires accordées dans les emplacements destinés aux fosses communes, coûteront un prix fixe de douze francs, et alors elles ne pourront avoir que 2 mètres de longueur sur 70 c. de largeur.

Les fossoyeurs-gardiens du cimetière sont nommés et révoqués par le Maire. Il leur est expressément recommandé d'user envers les familles des décédés, de tous les égards que réclame la bienséance. Ils doivent exécuter ponctuellement tous les ordres qu'ils reçoivent du Maire, des Adjoints ou de leur délégué.

Chaque inhumation sera faite dans une fosse séparée. Cette fosse aura, pour l'inhumation d'un enfant jusqu'à l'âge de 12 ans, au moins 1ᵐ 50ᶜ de profondeur, et pour toute autre personne 1ᵐ 75ᶜ.

La fosse sera remplie de terre bien foulée et damée par couche de 0ᵐ 50ᶜ. (*Décret du 23 prairial an XII, art. 4.*)

Les fosses seront distantes les unes des autres de 0ᵐ 50ᶜ dans tous les sens.

Le prix de chaque fosse est fixé par le tableau ci-après, qui indique aussi la portion du prix revenant à la fabrique. Les fosses dont le tarif ci-dessous fixe le prix auront une longueur de 2ᵐ et une largeur moyenne de 0ᵐ 60ᶜ au moins, et de 0ᵐ 80ᶜ au plus :

| | Profondeur. | PRIX À PAYER. | | TOTAL. |
		au Fossoyeur.	à la Fabrique.	
		fr. cent.	fr. cent.	fr. cent.
Enfants jusqu'à l'âge de 12 ans	1ᵐ 50ᶜ	1 75	» 25	2 »
Pour toutes autres personnes	1 75	2 75	» 25	3 »
	2 »	4 25	» 50	4 75
	2 50	7 »	» 75	7 75
	3 »	11 »	1 50	12 50
	3 50	15 »	2 50	17 50
	4 »	24 »	3 »	27 »

La profondeur des fosses devra toujours être de l'une des dimensions indiquées au tarif ci-dessus ; une mesure sur laquelle seront marquées ces différentes profondeurs restera constamment en dépôt au cimetière.

Le prix de la fosse sera augmenté du quart, en faveur du fossoyeur seulement, si ce dernier est obligé de creuser dans un terrain entouré d'une grille l'empêchant de jeter facilement les terres sur les côtés de la fosse.

Le mémoire pour le paiement du prix de la fosse ne sera présenté qu'après avoir été préalablement revêtu du visa du Maire ou de son délégué.

Aucun droit ne sera payé par les familles indigentes. Le fossoyeur recevra de la ville une indemnité de 1 fr. pour une fosse de la profondeur de 1ᵐ 75ᶜ, et 0 fr. 75 c. pour une fosse d'enfant.

Aucun corps ne sera reçu par le fossoyeur-gardien sans être accompagné d'un permis d'inhumer délivré par le Maire ou son délégué, sur la remise du certificat du médecin qui a reconnu le décès.

Les inhumations ne pourront être faites pour les personnes décédées à la suite de maladies, que 24 heures après le décès, et pour les personnes mortes subitement que 48 heures après ce décès.

Néanmoins, le Maire pourra abréger ces délais sur le vu d'un certificat de médecin constatant que la mort est réelle, et qu'il y aurait danger pour la salubrité publique à retarder l'inhumation.

Dans tous les cas, aucune inhumation ne sera faite avant l'heure indiquée au permis précité.

Il sera choisi par le conseil de chaque paroisse six porteurs qui devront être agréés par le Maire, et qui auront le droit exclusif de porter à l'église et au lieu de sépulture les corps de tous les adultes au-dessus de douze ans, moyennant une rétribution de 1 fr. 75 c. par chacun, à charge par eux de porter gratuitement les corps des indigents dont la ville paiera les fosses.

Ils seront obligés de se pourvoir à leurs frais de vêtements de deuil et de gants blancs.

Néanmoins, au décès d'une fille, sa famille pourra la faire porter par d'autres filles, rétribuées ou non, mais deux porteurs assisteront au convoi pour suppléer aux cas d'insuffisance. L'emploi du corbillard ne dispense pas les familles du concours des porteurs.

Quant aux enfants au-dessous de douze ans, les familles pourront toujours faire porter par d'autres enfants, mais dans ce cas, un des porteurs ordinaires, à tour de rôle, sera tenu d'apporter le brancard à la maison mortuaire, de placer le corps sur ce brancard, de veiller à ce qu'aucun accident n'arrive aux enfants, et d'aider le fossoyeur à descendre le corps dans la fosse. Il recevra pour cela une rétribution de 1 fr. 50 c., et sa démarche sera gratuite pour les indigents. Pour assurer l'exécution du présent article, en ce qui concerne le service des porteurs, il y aura un porteur chef responsable; c'est à lui que le directeur des convois transmettra l'avis des décès. Ce porteur chef avertira ensuite les autres porteurs, veillera à leur exactitude, à leur maintien convenable et à ce que rien ne soit demandé aux familles au delà des droits.

Le fossoyeur ne fera les inhumations qu'aux endroits qui lui auront été indiqués par l'administration municipale. Les familles qui désireront faire inhumer dans une autre partie du cimetière, seront tenues de se rendre concessionnaires.

Les fosses de même dimension seront toujours creusées sur une même ligne ; il n'en sera point ouvert sur une autre ligne que la première ne soit achevée.

Pour établir l'ordre d'une manière positive dans le cimetière et retrouver facilement l'emplacement ou chaque individu aura été inhumé, le gardien du cimetière tiendra un registre sur lequel il inscrira journellement toutes les inhumations qui seront faites ; il y indiquera les nom et prénoms du défunt, la date de l'inhumation, le numéro du rang et le numéro de la fosse qu'il occupe dans le rang.

Les inhumations des membres du clergé des paroisses et des congrégations religieuses attachées ou ayant été attachées au service de l'hospice, du bureau de bienfaisance et des écoles communales se feront, si les familles des décédés ou les congrégations le désirent, aux endroits destinés aux concessions et de préférence sur le pourtour des cantons n°s 4, 5, 6 et 12 donnant sur le rond-point où se trouve la croix.

Les emplacements de ces inhumations seules sont concédés gratuitement en vertu des délibérations de la Commission municipale des 4 novembre 1859 et 6 janvier suivant, approuvées par lettre de M. le Préfet, du 23 janvier 1860.

Le Commissaire de police et ses agents feront des visites journalières au cimetière et s'assureront que les dispositions des articles ci-dessus sont régulièrement observées. En cas de contravention, ils en dresseront procès-verbal et le remettront à qui de droit, après en avoir donné avis au Maire.

Il ne sera fait, sous quelque prétexte que ce soit, aucune exhumation ni aucun enlèvement ou déplacement de cadavres ou d'ossements autres que ceux ordonnés par la police judiciaire, ou autorisés, à la requête des particuliers, par l'administration municipale ou préfectorale.

Dans le premier cas, les corps qui auront été exhumés seront replacés dans la même fosse immédiatement après que les vérifications et reconnaissances ordonnées auront été terminées.

Dans le second cas, les exhumations seront entourées des mesures de salubrité prescrites par l'administration. Ces exhumations ne pourront avoir lieu qu'en présence du Commissaire de police porteur d'une permission spéciale émanée du Maire ou du Préfet.

Il sera dressé deux procès-verbaux des exhumations ainsi autorisées, et ceux à la requête de qui elles se feront devront payer indépendamment du timbre et de l'enregistrement de ces procès-verbaux, savoir :

Au Commissaire de police 8 fr. par corps ; au fossoyeur, en sus du prix de l'ouverture de la fosse, une indemnité de 3 fr. pour chacun des corps exhumés et enterrés depuis cinq ans. Au-dessous de ce délai le prix sera débattu entre la famille et le fossoyeur. En cas de contestation, le Maire statuera.

Un des deux procès-verbaux sera remis à la mairie pour y avoir recours au besoin.

Le Commissaire de police présent aux exhumations fera prendre les précautions nécessaires pour la santé et la sûreté des ouvriers et pour la salubrité publique. Les dépenses que nécessiteraient ces précautions seront à la charge des familles.

La vacation du Commissaire de police assistant à l'enlèvement d'un corps qui doit être inhumé au dehors, ou à l'arrivée d'un corps qui doit être inhumé à Bar-le-Duc, est fixée à 8 fr. qui seront payés par les familles des décédés.

De l'exécution des Monuments.

ART. 86. — Tout particulier a le droit de faire placer sur la fosse de son parent ou ami une pierre tumulaire ou un autre signe indicatif de sépulture. Ce signe ou cette pierre qui ne pourra occuper plus de 1 mètre 30 cent. de long sur 50 cent. de large sur la fosse d'un enfant jusqu'à l'âge de douze ans, et 2 mètres de long sur 70 cent. de large sur la fosse d'une autre personne, ne pourra être placé sans une autorisation du Maire et devra être enlevé aux frais des familles ou héritiers cinq ans après l'inhumation de la personne sur la tombe de laquelle il aura été placé. Faute par les parents de faire opérer l'enlèvement de ces signes tumulaires dans le délai ci-dessus fixé, il y sera procédé sur les ordres du Maire, et les pierres, fers, bois, etc., appartiendront à la ville, sans indemnité. *(Décret du 23 prairial an XII, art. 12 et 16 combinés.)*

Le signe indicatif de sépulture ne pourra être placé qu'en présence du gardien du cimetière et l'alignement sur lequel il devra être posé sera indiqué par lui.

Lorsque le temps sera trop mauvais, le gardien empêchera la pose des monuments, l'exécution de toute espèce de travaux et la fréquentation des chemins par les voitures des entrepreneurs.

Les familles ont la faculté de choisir leurs entrepreneurs et ouvriers pour la construction des monuments. Toutefois, il est interdit aux agents du service des inhumations de s'immiscer directement ou indirectement dans l'entreprise des monuments funèbres. L'entretien journalier de ces monuments et des plantations pourra cependant leur être confié par les familles.

L'Architecte expert-voyer et le Commissaire de police devront surveiller les constructions des monuments, s'assurer qu'ils ne dépassent pas le terrain qu'ils doivent occuper, qu'ils sont construits avec solidité et qu'ils ne peuvent compromettre la salubrité publique.

Le passage du corbillard et le transport des matériaux ne pourront se faire que par les chemins et sentiers existant dans le cimetière. Les dégradations seront à la charge de ceux qui les auront faites, et immédiatement réparées.

La confection du mortier, la taille des pierres, à l'exception des sculptures qui ne pourraient être faites que sur les monuments, et les approvisionnements de matériaux ne pourront avoir lieu, dans aucun cas, à l'intérieur du cimetière; en conséquence, les entrepreneurs ne devront conduire dans le cimetière que des objets confectionnés et prêts à poser.

Les travaux que les familles concessionnaires ou non concessionnaires désireront faire exécuter au cimetière, devront toujours être autorisés par le Maire; dès qu'ils seront commencés, ils devront être continués sans interruption, et aussitôt après leur achèvement, l'entrepreneur et les familles seront tenus de faire enlever les terres, graviers et débris de pierre en provenant et de réparer les parties endommagées.

Faute de se conformer à cette dernière disposition du présent article, il y sera procédé sur les ordres du Maire et aux frais de l'entrepreneur et des familles.

L'autorisation d'exécuter les travaux et de placer des épitaphes ou des inscriptions sur les tombes, croix ou monuments, devra toujours être remise au gardien du cimetière avant le commencement des travaux ou la pose des épitaphes ou inscriptions. Les travaux exécutés et les inscriptions placées contrairement à l'autorisation, seront supprimés et enlevées, sur les ordres du Maire, aux frais des contrevenants, faute par eux de le faire.

Les débris ou résidus de plantations de fleurs et d'arbustes seront immédiatement enlevés et ne pourront être déposés, qu'aux endroits indiqués par le gardien du cimetière. Il en sera de même des monuments, tombes, croix, bordures en pierre, grilles, arbres, et généralement de tous objets déjà placés au cimetière, et qui devront être démontés ou déplacés afin de ne pas empêcher le travail du fossoyeur lors de l'ouverture des fosses pour des inhumations.

Il est défendu à qui que ce soit de déplanter les bornes ou piquets qui délimitent les terrains concédés et qui indiquent l'alignement des chemins et sentiers.

Les bornes et piquets qui devront être enlevés pour l'exécution de travaux autorisés sur la demande des particuliers, devront être remis au gardien du cimetière et portés par ces mêmes particuliers, ou les ouvriers qu'ils emploieront, au dépôt établi dans l'intérieur du cimetière.

Les bornes qui ne seront pas remises au dépôt ou qui seront détériorées, seront remplacées aux frais des contrevenants.

L'exécution des mesures prescrites par les articles précédents est particulièrement confiée à la surveillance et à la responsabilité du gardien du cimetière, qui est spécialement chargé d'y entretenir la propreté.

Des Concessions.

ART. 87. — Les concessions seront perpétuelles, trentenaires ou temporaires. Les concessions temporaires seront de dix ans ; les unes et les autres seront consenties par le Maire qui désignera les terrains qu'elles devront occuper et qui passera un acte administratif de chaque concession, aux frais des concessionnaires. Ces concessions seront faites autant que possible par mètre carré, et séparées les unes des autres par un sentier de 50 cent. fourni par la ville.

Toute concession devra avoir au moins un mètre de largeur ;
en longueur elle aura celle qui sera indiquée au plan. Cette
concession nécessaire pour une place sera donnée partout où
la disposition du terrain le permettra.

Deux places pourront être données en longueur ou en largeur, à la volonté des concessionnaires et si la disposition du
terrain le permet.

Pour éviter des éboulements lors de l'ouverture des fosses et
empêcher les exhalaisons, la ville fournira un sentier de 50 cent.
de largeur dans l'intérieur d'une concession de deux places.

Si la concession est donnée pour plus de deux places sur
une longueur de deux ou trois mètres, les concessionnaires ne
profiteront que d'un seul sentier de 50 cent. fourni par la ville
et diviseront ce terrain entre les fosses qui devront être
ouvertes.

Si une concession de quatre places est donnée de manière à
ce que deux fosses seulement soient l'une contre l'autre, ces
places seront séparées dans tous les sens par un sentier de
50 cent. fourni par la ville et le concessionnaire n'aura à payer
que le terrain nécessaire pour les quatre places.

Quand une concession, quelle qu'en soit la largeur, aura été
donnée sur une longueur de deux ou trois mètres, la concession
correspondante devra avoir la même largeur, les sentiers sépa-
rant les concessions devront toujours former une ligne droite.

Les terrains concédés ne seront ni cessibles ni saisissables.
Les actes administratifs en vertu desquels ils seront concédés,
indiqueront à quelles inhumations ces terrains doivent seulement servir, faute de quoi ils ne pourront être employés qu'aux
inhumations des personnes qui les auront acquis et de leurs
descendants en ligne directe seulement, les conjoints compris.

Chaque concession perpétuelle, trentenaire ou décennale,
sera successivement indiquée à sa place et dans sa dimension,
à l'encre noire, bleue ou rouge, sur le plan déposé au bureau
de la Mairie. Chacune de ces concessions aura un numéro
d'ordre correspondant au registre qui sera tenu à la Mairie. Sur
ce registre, qui sera visé et arrêté tous les ans par le Maire, on
portera et on totalisera par année les sommes payées par les
concessionnaires à la caisse municipale et à celle du bureau de
bienfaisance.

Les familles auront le droit de fonder et d'entretenir toute espèce de monument sépulcral, tant au-dessous qu'au-dessus du sol qui leur aura été concédé, à charge de prendre toutes les précautions qui leur seront prescrites par l'autorité municipale, dans l'intérêt de la sûreté et de la salubrité publique.

L'architecte expert-voyer devra surveiller les constructions des monuments et s'assurer qu'ils ne dépassent pas la dimension du terrain concédé.

Conformément à l'art. 3 de l'ordonnance royale du 6 décembre 1843, les concessions trentenaires sont renouvelables indéfiniment à chaque période de trente ans, moyennant une nouvelle redevance égale à la première. A défaut du paiement de cette nouvelle redevance, le terrain concédé fera retour à la ville et sera repris par elle après l'expiration des délais dont il va être parlé ; alors les monuments y existant seront enlevés par la famille ou appartiendront à la ville. Les concessions décennales ne pourront être renouvelées, même à perpétuité. (*Ordonnance du 6 décembre 1843, Lettres de M. le Préfet du 18 novembre 1851 et 22 mai 1852, et de M. le Ministre, du 24 mars 1852.*) A l'expiration du délai de dix ans, les familles devront faire enlever les monuments funéraires placés par elles, faute de le faire, après avis itératif et une année révolue, à compter du jour du premier avertissement, le Maire pourra ordonner cet enlèvement, et les pierres sépulcrales ou autres monuments appartiendront à la ville, sans indemnité.

Une nouvelle inhumation pourra être faite dans la même fosse d'un terrain concédé, si le dernier corps a été enterré à une profondeur telle qu'on puisse en placer un autre par dessus, après avoir laissé suffisamment de terre pour empêcher les exhalaisons ou si la voûte des caveaux ferme hermétiquement. Les inhumations qui se feront dans ces derniers endroits ne donneront droit au fossoyeur qu'à une indemnité de deux francs par corps.

Le prix des concessions à perpétuité est de 60 fr. par mètre carré.

Le prix des concessions trentenaires est de 30 fr. le mètre carré.

Le prix de la concession temporaire est de 6 fr. le mètre carré.

Les concessions temporaires de dix ans coûteront un prix fixe de douze francs quand les terrains se trouveront dans les emplacements destinés aux fosses communes. (*Délibération du Conseil municipal du 4 novembre 1859, approuvée par arrêté de M. le Préfet du 31 décembre suivant.*)

Conformément à l'art 3 de l'ordonnance royale du 6 décembre 1843, le prix des concessions sera versé, savoir :

Deux tiers à la caisse municipale;

Un tiers à la caisse du bureau de bienfaisance.

Les concessionnaires paieront comptant le prix de leurs acquisitions, et en justifieront au Maire au moment de la signature de l'acte administratif, par la remise des quittances du Receveur municipal et du Receveur du bureau de bienfaisance. Cet acte sera fait avant l'inhumation.

Les inscriptions, si courtes qu'elles soient, à faire sur les murs d'enceinte dans les terrains concédés, ne devront pas dépasser la largeur de la concession. Leur exécution, qui devra être autorisée par le Maire, donnera lieu à un droit de 20 fr. au profit de la caisse municipale, pour chaque inscription. Il en sera de même de chaque objet, si minime qu'il soit, fixé aux mêmes murs d'enceinte.

Les concessionnaires d'un terrain devront le faire désigner sur tout son pourtour, par des monuments, grilles ou pierres sépulcrales, ou tout au moins par une bordure en pierre de 0m 15 à 0m 20° de largeur, et dont les fondations ne dépasseront pas le parement intérieur de cette bordure, afin de ne pas empêcher le travail du fossoyeur lors de l'ouverture des fosses et des inhumations.

Aucun monument ne pourra être élevé qu'après que les plans et dessins auront été soumis au Maire, examinés et approuvés par lui.

Les épitaphes, les inscriptions à placer sur les tombes ou monuments, devront également être soumises à l'examen du Maire, et ne pourront être placées qu'après qu'il en aura donné l'autorisation.

Les familles sont invitées à entretenir leurs concessions en état de propreté.

Dispositions particulières.

ART. 88. — Défenses sont faites d'élever aucune habitation et de creuser des puits à moins de 100 mètres du cimetière. (*Décret du 7 mars 1808.*)

Dispositions relatives aux personnes admises à visiter le cimetière.

ART. 89. — Les portes du cimetière seront ouvertes au lever du soleil et fermées immédiatement après son coucher. Personne ne pourra entrer et rester dans le cimetière, même pour y exécuter des travaux, avant l'ouverture et après la clôture des portes.

Il est défendu de pénétrer dans le cimetière autrement que par les portes d'entrée, d'escalader les grilles ou treillages entourant les sépultures, de monter sur les tombeaux, d'écrire sur les monuments, de couper ou d'arracher les fleurs ou arbustes.

Défenses sont également faites de commettre aucun désordre dans le cimetière, de s'y permettre aucun acte contraire au respect dû à la mémoire des morts, d'y tenir aucune assemblée, d'y faire paître des bestiaux, d'y entrer à cheval ou en voiture. Il est aussi défendu d'y entrer avec des paniers, cabas ou hottes et avec des chiens non tenus en laisse. Les enfants doivent être accompagnés.

Le gardien du cimetière est chargé d'assurer l'exécution de cette mesure. (*Décret du 23 prairial an XII, art. 16.*)

Les règlements municipaux des 2 avril 1820, 13 mai 1842, 3 janvier 1853 et 12 janvier 1857, sont rapportés.

L'Architecte expert-voyer et le Commissaire de police sont chargés, chacun en ce qui le concerne, de l'exécution du présent règlement.

Logement militaire.

AR 90. — Sont affranchis de la charge du logement militaire, les indigents et ceux des habitants qui ne pourraient offrir aux militaires le logement nécessaire.

Les habitants qui peuvent recevoir des militaires en logement sont divisés en cinq classes :

La 1re, composée des habitants qui peuvent loger une fois.
La 2e,   id.   deux fois.
La 3e,   id.   trois fois.
La 4e,   id.   quatre fois.
La 5e,   id.   cinq fois
dans le même espace de temps.

Le rôle des habitants qui logeront des militaires sera revisé, chaque année, par une commission de cinq membres nommés par le Conseil municipal. Cette commission indiquera au Maire, après avoir pris l'avis des commissaires de quartier, les changements à faire dans le classement des habitants, et indiquera ceux de ces habitants qui pourront recevoir des officiers.

Les propriétaires ou locataires d'écuries logeront seuls les chevaux de troupe et il ne leur sera pas envoyé de militaires.

Le Commissaire de police tiendra la Mairie au courant des ressources qu'offre la ville de Bar-le-Duc pour le logement des chevaux de troupe. La longueur de chaque écurie sera indiquée dans l'état qu'il remettra.

Bar-le-Duc, en Mairie, le 16 février 1860.

L. SAINSÈRE.

Bar-le-Duc. — Typographie de NUMA ROLIN.

www.ingramcontent.com/pod-product-compliance
Lightning Source LLC
Chambersburg PA
CBHW071303200326
41521CB00009B/1893